Friedrich Zündel

Johann Christoph Blumhardt
Jesus ist Sieger

Die Geschichte einer Heilung

BRUNNEN
VERLAG GIESSEN · BASEL

ABCteam-Bücher erscheinen in folgenden Verlagen
Aussaat Verlag Neukirchen-Vluyn
R. Brockhaus Verlag Wuppertal und Zürich
Brunnen Verlag Gießen und Basel
Christliches Verlagshaus Stuttgart
Oncken Verlag Wuppertal und Kassel

Durchgesehener und bearbeiteter Auszug aus
Friedrich Zündel, Johann Christoph Blumhardt,
20. Auflage 1983, © 1962
Umschlagmotiv: Corel, Rüsselsheim
Umschlaggestaltung: Ralf Simon
Satz: DTP Brunnen
Herstellung: St.-Johannis-Druckerei, Lahr
ISBN 3-7655-1250-8

Inhalt

Die Anfangszeit

Am 31. Juli 1838 erwarteten die Möttlinger ihren neuen Pfarrer in dem kleinen Städtchen am Rande des Nordschwarzwalds. Der 33-jährige Johann Christoph Blumhardt hatte, wie damals üblich, bereits seit Jahren auf eine Pfarrstelle gewartet. Nun, nach seiner Berufung, konnte er auch endlich seine Verlobte Doris Köllner heiraten und eine Familie gründen. Doch wie sieht diese Pfarrstelle aus, auf die Blumhardt berufen worden ist?

Am nördlichen Ende des Schwarzwaldes, hoch über dem rechten Ufer der Nagold, liegt 556 Meter über dem Meeresspiegel Möttlingen – nicht weit entfernt von dem kleinen Städtchen Calw. Als Pfarrgemeinde umfasst Möttlingen zwei merkwürdig voneinander verschiedene Dörfer, das Kirchdorf Möttlingen und eine Filiale Unterhaugstett. 874 Einwohner fand Johann Christoph Blumhardt bei seinem Amtsantritt vor, davon in Möttlingen 535, in Unterhaugstett 339. Im Jahre 1850 sind bereits „985 Seelen" in den Kirchenbüchern verzeichnet.

Möttlingen ist ein geschlossenes Dorf, in Bauart, Tracht und Sitten dem Unterland ähnelnd, und liegt auf dem für das Unterland charakteristischen Muschelkalk. Unterhaugstett gehört zum Oberamt Neuenbürg, liegt wirklich im Schwarzwald, dessen Gepräge es in zerstreuter Bauart, in Sprache, Tracht und Sitten trägt, und ruht auf dem bunten Sandstein. In sittlicher und kirchlicher Beziehung stand es seit langem im Kirchort erheblich besser als in der Filiale, wo ein bis zur Feindseligkeit, namentlich gegen den Pfarrer gehender Unabhängigkeitssinn und Oppositionsgeist herrschte, den auch Blumhardt in den ersten Jahren seines Wirkens erheblich zu spüren bekam.

Merkwürdig war schon damals Möttlingens bedeutsame Stellung innerhalb der württembergischen Kirche. Die Kirche war eigentlich eine Stadt auf dem Berge, schon seit langer Zeit gewohnt, weither kommende Besucher in ihren Mauern zu sehen. Als im Jahre 1844 in einer Konferenz evangelischer Geistlicher, der Albert Knapp, W. Hofacker, Blumhardt und andere beiwohnten, die damals gerade eingetretene Erweckung in Möttlingen besprochen wurde, äußerte Knapp: „In Möttlingen ist in geistlicher Beziehung schon seit hundert Jahren ein artesischer Brunnen gegraben worden."

Schon von Pfarrer Bührer, der 1749–1763 in Möttlingen amtierte, erzählten seine Töchter noch in hohem Alter, wie er nach seiner Versetzung auf eine andere Pfarrei nie nachgelassen habe, für Möttlingen um fromme Seelsorger zu beten. Ihm folgte der angesehene Pfarrer Machtolf, innerlich, tief, originell, geistreich, der geistige Vater jenes Bürgermeisters Hoffmann, Gründers von Korntal, sowie vieler anderer. Manche, darunter auch Dr. Barths Vater, pilgerten damals oft von Stuttgart in das sieben Stunden entfernte Möttlingen, um Machtolf zu hören.

Er galt als ein Mann voll Liebe und Geist mit einem Blick für die Geheimnisse Gottes, der viel von seinem Herrn erwartete. Man möchte ihn mit dem alten Simeon vergleichen. Allerdings war manchen Worten, die er den Möttlingern in der Predigt sagte, auch ein gewisses Hochmutsgefühl zu entnehmen: „Wenn einmal die Möttlinger am Jüngsten Tage gerichtet werden, so werde ich auch ein Wörtchen dazu zu reden haben."

Auf Machtolf folgte Anfang des 19. Jahrhunderts Pfarrer Groß, ebenfalls ein tief frommer Mann von großem geistlichen Einfluss auf die Menschen in ganz Württemberg. Er kam nach Möttlingen aus einer reich und nachhaltig gesegneten Wirksamkeit im Oberösterreichischen. Von seinem Tode an wirkte von 1814–1824 in Möttlingen Pfarrer Bach, ein liebevoller und milder, aber etwas rationalistisch gesinnter Mann.

In jenen Jahren arbeitete geistlich belebend Machtolfs Schwiegersohn, der Dorflehrer Bossart. Von Gestalt ein unscheinbarer, sogar körperbehinderter Mann, übte vor allem sein Religionsunterricht auf die Kinder einen großen Einfluss aus. In einer regelmäßigen „Stunde", die er im Schulhaus hielt, las er einmal eine Zeit lang unter großem Anklang die Offenbarung des Johannes vor. Als Pfarrer Bach dagegen einwendete, das mache die Leute nur schwermütig, fand er, jetzt müsse man *zweimal* in der Offenbarung lesen, sonst könnte man ja meinen, dieses Buch gehöre nicht in die Bibel. Sein Sohn war zu Blumhardts Zeit ebenfalls Lehrer in Möttlingen.

1824 erlangten die Möttlinger durch unmittelbare Verwendung beim König die Berufung des damals schon berühmten Dr. Barth zu ihrem Pfarrer. Nicht nur die hohe Bedeutung dieses Mannes, vor allem auch die innige Liebe und die ganz außerordentliche Hochachtung, die Blumhardt lebenslang für ihn hegte, lässt uns Barth näher betrachten.

„Jüngst war's öde, niemals öder auf dem Weg nach Kanaan, kaum zog hie und da ein blöder Wandrer schüchtern seine Bahn", so schilderte Spitta die Zeit der Glaubenserstorbenheit Anfang des 19. Jahrhunderts, um in hellen Tönen nachher Gott dafür zu danken, dass er es doch erheblich zum Besseren gewendet hatte.

Unter den Menschen, durch die das Aufleben des Glaubens vermittelt wurde, stand Dr. Barth mit an erster Stelle. Seine tiefe, ungetrübte Frömmigkeit, seine enorme Begabung, sein nicht minder großer Tatendrang und sein eiserner Fleiß gaben ihm im Kreise der Glaubenszeugen jener Zeit fast eine ähnlich hervorragende Stellung, wie sie Goethe in der Sturm- und Drang-Periode unserer Literatur einnahm. Er galt als Wortführender in der weithin zerstreuten, geistigen Familie der „Gläubigen" in Süddeutschland und der Schweiz und weit darüber hinaus.

Monatlich schrieb er in seiner Jugendzeitschrift für junge Leute, mit denen er sich auch durch seine Preisbibelrätsel in eine besondere Verbindung zu setzen wusste, ebenso oft zur älteren Generation in seinem Calwer Blatt.

Oft setzte er ein ermutigendes Lied, am liebsten über die Mission, in seine Zeitschrift. Manchmal veröffentlichte er, oft anonym, Flugschriften, in denen er aktuelle christliche Fragen beleuchtete. Zugleich war er der fast allgegenwärtige Festredner. Das christliche Gemeinde- und Gebietsfest, eine Segenserscheinung in der evangelischen Kirche in dieser Zeit, hat er in hohem Grad auf den Weg gebracht. Bei zahlreichen solcher Jahresfeste im weiten Umkreis ist er mit einer zündenden Festpredigt auf der Kanzel erschienen. In Basel, auf dem wichtigsten Fest dieser Art, war er fast unentbehrlich – nicht nur wegen seiner geisterfüllten Rede, sondern noch mehr wegen der Wucht seines Wollens, der Weite seines Blickes, der Getrostheit seines Hoffens.

Aber auch mancher Missionar konnte darauf rechnen, dann und wann wieder in seiner einsamen, damals oft noch fast blockhausähnlichen Hütte mit einem inhaltsreichen Brief Barths aufgerichtet zu werden. Dabei ging es in seinem Zuhause so gemütlich zu, als hätte er nichts zu tun, als von seiner Rente zu leben. Von immer neuen Besuchern wurde Barths Arsenal von Schlafröcken, Pantoffeln und Tabakspfeifen in Anspruch genommen, und alle sonnten sich an seiner geistreichen, gemütlichen, witzigen Unterhaltung. Denn er liebte es, seine innersten Gefühle und Gedanken hinter einer Hülle von Jovialität und sprudelndem Witz zu verbergen.

Barths Hauptleistung vielleicht aber war die Gründung und Leitung des Calwer Verlagsvereins. Vor allem Schul- und so genannte „Volksschriften“ wurden von Barth verlegt. Denn er vermisste die wertigen Inhalte der vorhandenen Druckerzeugnisse. Mit den Verlagserzeugnissen wollte er vor allem jungen Leuten biblisch gesunde Lektüre liefern: ABC-Bücher, Welt- und Naturgeschichten, Kirchen- und Missionsgeschichten und zahlreiche Bibelauslegungen gingen aus seinem Verlag hervor – vor allem jene in mehreren hundert Auflagen erschienenen „Zweimal 52 biblische Geschichten“, für jede Woche je eine aus dem Alten und Neuen Testament, die er mit meist von seiner Hand bald mehr, bald minder glücklich gefertigten Bildern verzierte. Dabei hatte er zunächst sein Württemberg vor Augen, aber auch „so weit die deutsche Zunge klingt“ sollten seine Publikationen verbreitet werden – und die erklang weltweit. In letztlich 65 Sprachen erschien das Buch auf allen Kontinenten bis zum Anfang des 20. Jahrhunderts.

Zu diesem weltweit publizistisch denkenden und arbeitenden Mann wurde er in Möttlingen. Als er dorthin kam, war er bereits als streitbarer und schreibfertiger Kämpe des Pietismus bekannt, als gesegneter Prediger, der als Lohn für das beste theologische Examen von der württembergischen Landeskirche auf eine Studienreise geschickt worden war. Hierbei konnte er alle bedeutenden religiösen Erscheinungen und Leiter im deutschsprachigen Raum in Augenschein nehmen. Nun hatte er Muße, seine geistigen Kapitalien zu überblicken und zu verwerten.

Man könnte glauben, Barth hätte darüber seine Gemeinde vernachlässigt. Das war aber keineswegs der Fall. Allerdings nötigten ihn die wachsenden Aufgaben mit der Zeit, einen Vikar anzustellen, und schließlich waren sie ein Hauptgrund für ihn, das Pfarramt aufzugeben. Er war aber, wie eigentlich auch gerade die beiden erwähnten Maßnahmen beweisen, von hohem Pflichtgefühl gegen sein Amt an seiner Gemeinde durchdrungen.

Anfang 1836 schreibt er: „Der sittlich religiöse Zustand des unbekehrten Teiles meiner Gemeinde hat sich beträchtlich verschlimmert und der des bessern Teiles nicht gehoben. Von eigentlicher, gründlicher Bekehrung eines Erwachsenen weiß ich hier kein Beispiel; unter meinen Konfirmanden sind manche, die mir Freude machen, aber es sind meistens Kinder christlicher Eltern, bei denen die häusliche Erziehung vielleicht das meiste getan und wohl auch ohne mich getan haben würde. Die Kirchlichkeit hat ab-, die Rohheit zugenommen; alles Predigen will nicht anschlagen; ich versuche es in allen Tönen, bald Moll, bald Dur, heut Alt, morgen Bass; nichts will anschlagen, und ich muss mich von einem Sonntag zum andern überzeugen, dass meine Gemeinde bereits zu Tode gepredigt ist, und dass kein Reizmittel mehr Effekt macht, weil die Nerven zu sehr abgestumpft sind. Das Starke und Geistige trinken sie hinunter wie die Russen den Branntwein, und man merkt ihnen nichts an; die süße Milch des Evangeliums sind sie überdrüssig."

Besonders peinlich war ihm, dass der größte Teil der so genannten „Zuhörer" in der Kirche *schlief*. Das kann wehmütig stimmen, denn Barth war einer der großen Prediger seiner Zeit. Wenn man aber weiß, in welche geheime Bande der Finsternis damals noch die ganze Gemeinde, „Bekehrte" fast wie „Unbekehrte", geschlagen war, so tritt die ganze Aussichtslosigkeit vor Augen, mit „Reizmitteln" und „Effekten" der Beredsamkeit diese Fesseln zu sprengen.

Während aber Barths Wirken in Möttlingen immer aussichtsloser wurde, verhießen ihm seine allgemeineren Bestrebungen immer reichere Frucht, wie sie auch seiner Begabung und seiner Neigung mehr entsprachen. Er war durch seine höheren Ziele dem Beruf eines Ortspfarrers entwachsen, und sein Beruf, der Sache des Reiches Gottes in freierer Weise und in einer Stellung von allgemeinerer Bedeutung zu dienen, wurde ihm klar. Er zog sich ins Privatleben zurück und siedelte sich in Calw an als Leiter des Calwer Verlagsvereins. Sehr lag ihm jedoch daran, dass Möttlingen einen tüchtigen Nachfolger bekomme. Sein Blick fiel auf seinen jüngeren, ihm durch die gemeinsame Liebe zur Mission sehr nahe stehenden Freund Blumhardt. Entsprechend bewog er die Möttlinger, in einer Deputation an den König darum einzukommen, dass ihnen Blumhardt zum Pfarrer gegeben werde.

Johann Christoph Blumhardt kommt nach Möttlingen

Bei seinem Amtsantritt in Möttlingen gab Johann Christoph Blumhardt der Gemeinde einen Einblick in sein bisheriges Leben: „Basel ist's, wo ich zum ersten Male, Geliebte in Christo, mit eurem bisherigen Seelsorger, Pfarrer Barth, bekannt wurde; unsere Herzen haben sich gefunden, und es erhöhte meine Freude, auch ihn heute als Zeugen in eurer Mitte zu sehen; möge mich der Allerhöchste mit Seiner Kraft ausrüsten, um Sein allhier begonnenes Werk im Segen fortsetzen zu können ... und nun stehe ich hier, Geliebte in Christo, seit etlichen Monaten zu eurem Seelsorger ernannt. Es hat mich tief die Liebe ergriffen, mit der ihr auf diese Weise mir entgegengekommen seid und entgegenkommt und mein Herz ist so voll von Dankbarkeit gegen Gott, dass ich mir nichts Seligeres denken kann, als recht vielen von euch zur Seligkeit dienlich zu sein und einst recht viele von euch als Unverlorene dem Oberhirten darstellen zu können. ... Noch habe ich unter den vielen Barmherzigkeiten, die Gott mir erzeigt hat, zu erwähnen, dass er mir eine Lebensgefährtin, Johanna Dorothea, geb. Köllner, geschenkt hat, die in jeder Hinsicht gleiche Gesinnungen mit mir teilt, und von der ich hoffen darf, dass sie gerne auch an ihrem Teil zu dem ewigen Wohle einer werten Gemeinde hebend mitwirken werde."

„Sei treuer als ich und sei glücklicher als ich!", lautete bei der Einsegnung Barths Segenswort an Blumhardt. Blumhardts Bitte aber: „Der Allerhöchste möge mich mit seiner Kraft ausrüsten!", ist in denkwürdiger Weise erhört worden.

Es ist interessant, den Schluss des blumhardtschen „Lebenslaufes" mit dem des barthschen zu vergleichen:

„Unser gegenseitiges Zutrauen wurde von dem Herrn der Gemeinde bestätigt, und ich lebe der vollen Zuversicht, dass Er es ist, der uns zusammengeführt hat und hat uns einen Bund für die Ewigkeit schließen lassen. Bange müsste mir werden bei dem Gedanken, eine Gemeinde von beinahe 800 Seelen meinem Hirtenstabe anvertraut zu sehen, wenn mir nicht der Blick offen stünde in eine so große Reihe von lieblichen und wunderbaren Erfahrungen, die ich in den verflossenen 26 Jahren von der treuen Durchhilfe des Herrn machen durfte, der Blick in das erbarmende Hirtenherz Jesu, der Blick in seine treuen Verheißungen: ‚Ich will mich meiner Herde selbst annehmen und des Schwachen warten; ich bin bei euch alle Tage bis an der Welt Ende; der Geist wird euch in alle Wahrheit leiten; die Pforten der Hölle sollen meine Kirche nicht überwältigen.' ...

Es wird viel darauf ankommen, wie ernstlich ihr für mich beten werdet, dass ich euch das Wort Gottes in Wahrheit verkündigen kann und unter euch wandle als ein brennend und scheinend Licht. So werde denn dieser Tag ein Tag des Segens für mich und euch, dessen wir uns einst in der Ewigkeit mit unvergänglicher Freude erinnern können!"

Die beiden Begrüßungsreden sind bezeichnend. Neben diesem Hochgesang Barths aus allen Registern seines reichen Geistes und Herzens hebt sich Blumhardts Rede so schüchtern, gemessen, fast steif ab, wenn er vom „ewigen Wohl einer werten Gemeinde" spricht und sich und seine Frau „ihrem fortgehenden Wohlwollen" empfiehlt. Er war eben ein Mann der Tat und ein im höchsten Sinne des Wortes einfacher Mann. Zweierlei Sprachen, eine *auf*, eine andere *unter* der Kanzel, kannte er nie und wollte er nicht kennen; darum war sein Predigtstil der des Gespräches, der edleren Unterhaltung. Daneben hatte ihn offenbar gerade die Feierlichkeit des Augenblicks nur umso nüchterner gestimmt. Wie er einmal seiner Braut schreibt: „Oft habe ich's gefunden, dass meine Worte umso trockener erschienen, je voller mein Herz war", so wollte er auch gerade in jener Feierstunde das wirkliche Leben, wie es sich auswirkt, im Auge behalten und damit auch zugleich das Heilige, wie „eure Seligkeit", „euer

Unverlorensein", „die Kraft des Allerhöchsten" in dieses alltägliche, wirkliche Leben hineinrufen.

Über die Beziehung zwischen Barth und Blumhardt gibt auch ihr Briefwechsel Aufschluss. Wie kaum wohl je ein Bruder dem Bruder, so berichtete Blumhardt seinem Freund alles und jedes, das Kleinste wie das Größte, was er erlebte. Einmal klagt er ihm geängstigt, er fühle eine schwere Krankheit herannahen, bitte ihn aber ernstlich, es seine Frau nicht merken zu lassen.

Der mannigfaltige geschäftliche Stoff, nämlich Verabredung, Verteilung, Beurteilung der schriftstellerischen Arbeiten, Beschaffung der Quellen, bilden gleichsam das Gerippe des Briefwechsels, hierzu tritt ein genauer Bericht über Möttlingens Verhältnisse bis ins Einzelnste, Krankheiten von Gemeindegliedern; endlich wird der Freund auch über die kleinsten Erlebnisse der Familie auf dem Laufenden gehalten, und schließlich wird auch der Alltag vielfach berührt. Barth hatte in seiner Gewissenhaftigkeit alle diese Briefe sorgfältig geordnet und aufbewahrt. Sie bilden ein – wenn auch lückenhaftes – Tagebuch für Blumhardts Leben in Möttlingen.

Blumhardt konnte ein Gleiches mit Barths Briefen nicht tun. Bei der Überfülle seiner Korrespondenz fehlte es ihm an Zeit und Raum, die Briefe alle aufzubewahren. Und da an sich schon die Mehrzahl der Briefe, die er erhielt, um ihres höchst vertraulichen Inhalts willen eine baldige Zerstörung ratsam erscheinen ließ, ersetzte denn auch bei ihm die „Feuerbestattung" größtenteils das Briefarchiv.

So ist denn auch von Barths Briefen nur eine kleinere Auswahl übrig geblieben. Ein Blick in diese Korrespondenz lässt einen staunen über die gegenseitige Zuneigung und über die köstliche Deutlichkeit, mit der sie einander mit allerlei Wahrheiten bedienen. Was Blumhardt wider einen hatte, das bekam dieser sofort freundlich, ruhig und in voller Deutlichkeit zu hören; damit aber war es aus und ab und für immer vergessen, darauf konnte man rechnen. Entsprechend interpretiert er Jesaja 53,9: *Es ist nichts Betrügliches in seinem Munde erfunden*: „Wenn das von einem Menschen gesagt werden kann, so ist er schon etwas Rechtes. Nur nichts im Hinterhalt, nichts hinter den

Ohren gegen jemand, sonst ist die Aufrichtigkeit schon fort und redet der Mund anders als das Herz und ist also Betrügliches im Munde oder in seinen Reden und im Benehmen."

Kurz nach seinem Amtsantritt stand für Blumhardt eine weitere Feier ins Haus: seine Hochzeit. Am 4. September 1838 traten die zwei Schwestern Lotte und Doris Köllner zugleich an den Altar: Lotte, um mit Missionar Häberlin; Doris, um mit Blumhardt vermählt zu werden. Missionsinspektor Blumhardt, der beiden beruflich und Blumhardt auch verwandtschaftlich nahe stand, segnete dieses Doppelpaar ein. Auch Freund Barth sandte in seiner bekannten sinnigen Weise sein Grüßchen: Es war ein Gedicht, in dem zuerst die Eltern Köllner auftraten, klagend über den Weggang ihrer Kinder; ihnen antworteten – sich entschuldigend und sie tröstend – die Töchter. Hierauf legten für Blumhardt die Gemeinde Möttlingen, für Häberlein ein Hindu ein gutes Wort ein, worauf die beiden Glücklichen selbst noch das Wort ergreifen, und endlich schließt der „entfernte" Freund mit einem Segenswunsch.

Bedeutsam war den Neuvermählten, namentlich in späterer Zeit, die Losung jenes Tages aus Psalm 112,4: „Den Frommen geht das Licht auf in der Finsternis von dem Gnädigen, Barmherzigen und Gerechten."

Die Gemeinde Möttlingen war äußerst vergnügt, nach dem Junggesellen Barth wieder eine Frau Pfarrerin im Pfarrhause zu wissen.

Die Aufgabe, vor der Blumhardt in Möttlingen stand, überbot offenbar an Schwierigkeit weit die ihm in Iptingen gestellte. Zuhörer, welche unter einem der geistreichsten Prediger seiner Zeit *schlafen* gelernt, Übersättigung, Ermüdung und Verstimmung um und um, ein Häuflein Pietisten, Versammlungsleute, denen Barth das Höchste blieb, und daneben nicht wenig andere Gemeindeglieder, die über die bisherige Bevorzugung der Letzteren verdrießlich waren. Deshalb waren sie auch dem von Barth hergewünschten neuen Pfarrer minder hold. So war der Boden beschaffen, den er bearbeiten sollte.

Die treue Arbeit und verheißungsvolle Segenssaat seines Vorgängers war zunächst wie von einer widrigen, undurchdringlichen Kruste bedeckt und brach erst später hervor, als diese Kruste nicht ohne viel wunderbare Hilfe Gottes geschwunden war. Dazu erschwerte Barth ihm in eine Richtung hin die Lösung der Aufgabe erheblich, wohl in bester Meinung, sie ihm zu erleichtern.

Die Stellung, die ein Pfarrer zu einer Gemeinde, die er verlässt, und namentlich auch zu seinem Nachfolger einzunehmen hat, gehört zu den problematischsten Aufgaben des Amtslebens eines Pfarrers. Man ist wohl hierin im Allgemeinen so ziemlich darüber einig, dass die Aufgabe einfach lautet: „Gib *ganz* ab! Überlass deinem Nachfolger – zumal wenn du über den Geist, in dem er wirkt, beruhigt sein kannst – völlig freies Feld, dass er fortan völlig der Pfarrer der Gemeinde sei!"

Da war es denn allerdings von Barth nicht minder kühn als originell, dass er beim Scheiden den Möttlingern wiederholt versprach: „Ich bleibe euer Pfarrer", ein Versprechen von umso größerem Gewichte, als er ja seinen Wohnsitz in dem benachbarten Calw aufschlug. Durfte sich auch Barth immerhin mit einem andern Maßstab messen als manch andere und sich mehr zutrauen, so ging doch die Aufgabe, dieses Versprechen mit dem schuldigen Takt zu lösen, ohne Schaden für die Gemeinde, ohne Beeinträchtigung eines gesegneten Wirkens seines Nachfolgers, fast über menschliche Kraft. Es war dies umso schwieriger, als ja nach seinem eigenen Geständnis der Wagen seines Wirkens in Möttlingen völlig verfahren war.

Da die Quelle, aus der jener Vorsatz Barths entsprang, aber seine innige Liebe zu den Menschen in Möttlingen war, konnte er doch – dank auch dem edlen und lauteren Sinne Barths – vielfach von Segen sein.

Dass die schwierige Situation nicht eskalierte, dazu trug neben der engen Freundschaft der beiden Männer wohl am meisten die Art bei, mit der Blumhardt sich voll und ganz in die gegebene Lage schickte. Er war in allen Lebensverhältnissen, großen und kleinen, in Staat, Kirche und Haus, immer dagegen, bei Missverhältnissen oder weniger bequemen Zuständen „gegen den Stachel zu löcken". Es willig und mit möglichster Pietät als von Gott gegeben nehmen, hierdurch auch allem die schöne Seite abgewinnen, war ihm der Weg zur Möglichkeit, alle diese Missstände in Segensquellen zu verwandeln. Wie manche fast unlösbar scheinende Verwicklung solcher Art, die ihm als Seelsorger geklagt wurde, hat sich infolge seines dahingehenden Rates oft bald, wie spielend, gelöst!

So trat denn Blumhardt auch in diese gegebene Lage ganz und freudig ein und doch mit vollem Vorbehalt seiner Selbstständigkeit. Wie treu er Barth über alles und jedes, was in der Gemeinde Möttlingen vorging, auf dem Laufenden hielt, wurde schon berichtet; ja einmal, wo er mit Barths *Art* des Einwirkens nicht ganz zufrieden war, schrieb er ihm: „Sind's doch auch *Deine* Seelen!"

So jedenfalls argumentierte Blumhardt in der Zeit des Kampfes und auch zu Anfang der Erweckung, als Barth sich viel von einigen Gemeindegliedern zutragen ließ und ihnen Ratschläge erteilte, einer Erörterung mit Blumhardt *selbst* aber mehr und mehr auswich. Hier, glaube ich, war der Punkt, wo alle Gegenmittel gegen die Gefahren eines so künstlichen Zweipfarrersystems, von denen der eine eben doch nicht mehr in und mit der Gemeinde lebte, einen Augenblick ihren Dienst versagte. Barth hätte vielleicht die neuen, selbstständigen Bahnen, die sein Freund da geführt wurde, unbefangener gewürdigt, wenn ihm dessen Selbstständigkeit vorher schon mehr ins Bewusstsein getreten wäre.

Aber im Ganzen war diese Freundschaft, da sie ihr ganzes Interesse Möttlingen zuwandte, für die Gemeinde von großem Segen. Noch steht dieses Pfarrerpaar bei ihr in leuchtendem Andenken, und so, dass man kaum an den einen allein, sondern immer an beide zugleich denkt.

Treten wir nun Blumhardts erstem Wirken näher! Er hatte anfangs einen schweren Stand. Nach solch geistreicher, bald dichterisch schwungvollen, bald energisch beredten Verkündigung des Evangeliums, wie sie die Möttlinger Kirche vorher gehört hatte, klang Blumhardts Predigt fast zu einfach. Der Kirchenschlaf dauerte fort. Den wenigen wirklichen und eigentlichen „Zuhörern" aber, den Stundenleuten, mochte ein unsagbares Etwas in seiner Predigt fehlen: War es doch schon nicht ganz ihre Sprache! Wenn wir ihn zu den Baslern vom „Mitmenschen“ reden hören, wenn er vor den Möttlingern sich die Hilfe des „Allerhöchsten“ wünscht, so fühlt man schon mehr Berührung mit dem gewöhnlichen allgemeinen Denken, als diesen Leuten eigen war, und ähnlich, wie diese Ausdrücke, mochte auch die einfache, aufs schlichte Leben eingehende Denkweise Blumhardts ihnen von ihm den Eindruck eines noch wenig „geförderten“ Christen erwecken. Kurz: Neben Barth galt er ihnen lange Zeit sehr wenig.

Blumhardt seinerseits liebte diese Leute sehr und besuchte auch – im Unterschied zu Barth – häufig ihre „Stunde“. Allein er liebte und besuchte auch die andern, und die strenge Sonderung der Gemeinde nach Stundenleuten und andern war für ihn nicht vorhanden, was ihn wohl ebenfalls in Verdacht brachte. In seinem Briefwechsel mit Barth erscheinen einmal einzelne Klagen über den Zustand der Gemeinde, dann aber bricht wieder sein Sinn durch, alles – schon billigkeitshalber – so günstig wie möglich zu beurteilen. So schreibt er ihm einmal: „Überhaupt, *dass es hier nicht gut stehe,* kann ich gottlob gegenwärtig *nicht* sagen; ich bin zufriedener als je, obwohl mir alles bekannt ist, was vorfällt und vorgefallen ist unter jungen Leuten. Wer wollte aber da je ganz säubern! Es bleibt dabei, Möttlingen ist eine *christliche* Gemeinde. Eigentlichen Widerspruch finde ich bei wenigen, und über manches muss ich mich sehr verwundern, das ich nicht so gut erwartet hätte. Nun, lieber Bruder, einmal auch so!“

Blumhardt und seine Frau machten sich bald heimisch in den Familien der Gemeinde. Allmählich, aber desto sicherer wirkte seine natürliche, zutraulich brüderliche, unzudringliche und doch innige Weise. Der Schule nahm er sich mit Eifer an, half oft selbst längere Zeit für den kranken Lehrer aus, verstand es mit Geschick, die Eltern zu regelmäßigerem Schulbesuch ihrer Kinder zu veranlassen, und trat im Übrigen in Behandlung der Jugendlichen so ziemlich in Barths Fußstapfen, immerhin selbstständig und innerhalb der Grenzen seiner anders gearteten Begabung. Bei der Konfirmation liebte er es, dem einzelnen Konfirmanden zu seinem Bibelspruch noch ein ihm eigens gedichtetes Liederverschen mitzugeben, so z. B. einmal zu Lukas 24,36:

Dein Heiland, von dem Tod erstanden,
ruft: „Friede sei mit dir!" dir zu,
zu lösen dich von allen Banden,
zu führen dich zu seiner Ruh'.
Ergreife mutig diesen Frieden
und lass ihn nicht in Angst und Pein,
so wird – ist heiß der Kampf hienieden –
der Sieg in deinen Händen sein.

Am wirksamsten aber für die Erfrischung der geistigen Atmosphäre war wohl, dass er die *männlichen* Jugendlichen zu erreichen verstand. Barth hatte von den Konfirmierten nur den weiblichen Teil um sich zu versammeln vermocht; wohl, weil keine Aussicht war, die jungen Männer für geistliche Abendunterhaltungen zu gewinnen. Eine sehr gewöhnliche Erscheinung, die aber leicht die Gemeindearbeit „weiblich" prägt und damit wieder von neuem die männlichen Jugendlichen entfremdet.

Wie gelang es nun Blumhardt, die jungen Männer um sich zu sammeln? Er las ihnen einfach im Schulhaus die Zeitung vor und besprach mit ihnen das Gelesene. Da war der leutselige und doch innerlich gesammelte Blumhardt in seinem Element, da tauten die jungen Leute auf. Viel geistlicher Segen floss aus dieser Stunde, der sich namentlich auch in der Erweckungszeit fühlbar machte. Die Stunde wurde mit Gesang und Gebet begonnen und geschlossen, und Blumhardt, dem Geistliches und weltliches d. h. allgemein Menschliches, Natürliches eigentlich immer in eins zusammenfloss, verstand aus den Weltereignissen tief gehende geistliche Wahrheiten zu schöpfen. Später, in den aufgeregten Revolutionszeiten von 1848, diente diese Stunde, an der nun auch Männer teilnahmen, sehr zur Beruhigung der Gemüter.

Anlass zu besonderer Entfaltung seelsorgerlicher Tätigkeit gaben wiederholt zwischen 1838 und 1843 auftretende Epidemien von Brechruhr und Typhus. Die Frau Pfarrer errichtete im Pfarrhaus eine offizielle Suppenküche, damit den Kranken und den Gefährdeten die zweckmäßige Nahrung gereicht werden konnte.

Neben dieser Arbeit innerhalb der Gemeinde eröffnete sich für Blumhardt bald allerlei Gelegenheit für ein weiter hinausreichendes Wirken. So wurde er Direktor einer der beiden Schulkonferenzen des Bezirks, wo er die Erfahrungen, die er als früherer Lehrer der „nützlichen Kenntnisse" gemacht hatte, fruchtbar verwerten konnte. Von den Arbeiten, die er in dieser Stellung ausgeführt hat, erwähnt er zwei im Jahre 1843 abgehaltene Fortbildungskurse: einen über die Behandlung der deutschen Sprachlehre in den Volksschulen und einen über das Leben des Apostels Paulus.

Bald wurde er auch schriftstellerisch tätig. Die erste Anregung dazu brachte ihm selbstverständlich sein reger Verkehr mit Barth und sein Eifer für die Mission. So beteiligte er sich an der Redaktionsleitung der „Monatsblätter für die Missionsstunden", und bald übernahm er diese ganz. Der monatlich fällige Arbeitsanfall hat aber später den so viel in Anspruch genommenen, übermäßig geplagten Mann fast übermenschliche Anstrengung gekostet. Die Seufzer darüber, das Flehen um Nachsicht, wenn das Manuskript erst in der letzten Stunde fertig wurde, das Drängen auf baldige Ablösung lassen sich später in seinen Briefen an Barth allmonatlich, fast regelmäßig wie der Stundenschlag, vernehmen.

Daneben setzte er seine schon in Iptingen begonnenen Studien über Missionsgeschichte fort, und infolgedessen wurde er von Barths Calwer Verlagsverein mit der Ausarbeitung eines „Handbuchs für Missionsgeschichte und Missionsgeographie" betraut.

Welch eine Arbeit, namentlich für Blumhardt, der von genialer Oberflächlichkeit nichts an sich hatte, dem alles „klappen" musste, und der Worten wie „ungefähr", „möchte", „dürfte" nicht in seinem Wortschatz führte! Waren doch schon fast alle Küsten der Welt, oft bis tief ins Innere, wie auch schon manches Binnenland von der christlichen Mission in Angriff genommen! Woher nun das Material finden, vorerst für die Geschichte? War doch das Jahresberichtsystem der verschiedenen Gesellschaften noch in der ersten Entwicklung; der Biografen gab es vollends wenige, die Missionare und auch die andern Berichterstatter schrieben aus vollem Herzensdrang sehr warm, sehr ausführlich, aber nicht immer so eindeutig, dass der

Geschichtsforscher auf alle seine Fragen Antwort gehabt hätte. Dass die Hauptquellen englisch geschrieben waren und zum Teil auch französisch, störte ihn nicht, wohl aber die Breite und Ausführlichkeit der englischen Berichte, und oft auch sehr die Schwierigkeit, alle diese Quellen zu beschaffen. Und nun vollends für die Geographie! Geographie oft von Gegenden, die vor dem Missionar noch von keinem Weißen besucht oder bewohnt worden waren! Und dieser Missionar? Ja, gerade oft der tüchtigste und gesegnetste Missionar kümmerte sich wenig um Geographie, hatte weder Sinn noch Verständnis dafür. Und wo nun sollte er die Karten alle auftreiben?

Das Tübinger Stift weiß offenbar vielen seiner Schüler eine außerordentliche Lust, Kraft und Geschick für schriftstellerisches Arbeiten oder „Schanzen", wie Blumhardt es in seinen Briefen nennt, beizubringen. Welch kolossale Arbeitsleistungen haben wir gerade von schwäbischen Theologen von rechts und links, heißen sie nun Baur oder Barth, erlebt! Und auch Blumhardt verstand das fundierte Arbeiten.

Blumhardt hatte aber noch einen besonderen Gewinn von dieser Riesenarbeit: Sie beschäftigte seinen Geist beständig mit allen Völkern der Erde und wie ihnen die Liebe Jesu auf gute Weise nahe gebracht werden könnte. Da lernte er an seinem Schreibpult als Priester vor Gott stehen für all dessen verlorene Kinder.

Zu gleicher Zeit bemächtigte sich seiner ein neuer Stoff. Es war notwendig, endlich einmal jenes Kirchengesangbuch, das die Aufklärung dem württembergischen Volk zu seinem großen Herzeleid auferlegt hatte, durch ein besseres zu ersetzen. Da drohte eine doppelte Gefahr, für den Liedertext und für den musikalischen Teil. Hinsichtlich des Textes schien das Schwesternpaar Vorsicht und Rücksicht das Regiment führen und wieder ein abgeschwächtes Produkt herstellen zu wollen; der musikalische Teil lag großenteils in Händen von Musikern, die besonders Wohlgefallen an ihren eigenen Melodien hatten.

Unter den vielen württembergischen Theologen, die sich rührten, um der Gefahr zu steuern, war auch Blumhardt. Er kümmerte sich besonders um den musikalischen Teil. Mühsam suchte er die alten Melodien zusammen, warf sich mit Macht aufs Studium der Harmonielehre, begeisterte sich für die rhythmischen Choräle, ließ auch seine Schulkinder allerlei singen und setzte sich mit Pfarrkollegen in Verbindung. Namentlich stand Blumhardt dem damals in dieser Sache besonders emsig und erfolgreich tätigen späteren Prälaten Dr. von Hauber treulich bei und machte ihn unter anderem auch mit der seither heimisch gewordenen Melodie zu „Morgenglanz der Ewigkeit“ bekannt. Auch gab er kleinere Publikationen heraus. Sein Arbeiten war für den beabsichtigten Zweck nicht ohne Erfolg und für ihn selbst von großem Gewinn, da es seiner Lust zu komponieren eine solide Grundlage gab.

Bekanntlich wurde jenes „neue württembergische Gesangbuch“, trotz mancherlei Mängel in Text und Melodie, ein wahres Musterwerk, das man bei dem bald darauf allgemein erwachenden Eifer zur Herausgabe neuer Kirchengesangbücher fast immer in erster Linie zurate zog, und allzu große Verachtung seiner Grundsätze weiser Mäßigung und Berücksichtigung des heutigen Sprachgeschmacks hat sich mitunter empfindlich gerächt.

Noch eine weitere Aufgabe wurde Blumhardt vom „Calwer Verlagsverein“ gestellt, nämlich ein „Handbüchlein der Weltgeschichte für Schulen und Familien“ zu schreiben. Brachte ihn die Missionsgeschichte mit der ganzen Menschheit unserer Tage in Fühlung, so führte ihn diese Aufgabe in die Vergangenheit. Aber leicht war sie deshalb nicht: Auf 316 Seiten, wovon 16 für die in den Text eingestreuten Bilder abgingen, erzählte er die Weltgeschichte, und zwar konkret, anschaulich, mit individuellen Zügen, ganz nach dem Geschmack der damaligen jugendlichen Leserschaft. Es ist unstreitig in seiner Art ein Meisterwerk.

Auch an der beliebtesten Leistung des Calwer Verlagsvereins beteiligte sich Blumhardt, an den „Jugendblättern“, einmal mit einem längeren Aufsatz über die Erscheinungen und Wirkungen des Lichts, dann mit einem andern, der von den Prinzipien der Bewegung handelte. Gar leicht wurde ihm dies nicht; er klagt auch über die Mangelhaftigkeit der teilweise englischen Hilfsmittel, die ihm hierfür zu seiner eigenen Aufklärung zur Hand waren. Oft gab es auch Not wegen der erforderlichen Illustration, und manchmal sollte sich der Text fast nach den Bildern richten, die zur Verfügung standen.

Ein Umstand, den man doch nicht ganz übergehen darf, erschwerte Blumhardts Arbeiten für den Calwer Verlagsverein. Barth agierte als unerbittlicher Chefredakteur. In manchem lernte Blumhardt gern von dem federgewandten Freunde; weniger vielleicht verstand es Barth, eines andern Art genügend zu würdigen. Blumhardt unterzog sich willig, wenn auch nicht ohne manchen Schmerz, den strengen Anordnungen seines Freundes. Ganz seinem oben genannten Grundsatz gemäß, „so viel wie möglich zu schreiben“, war Barth damals für alle Erzeugnisse des Calwer Verlagsvereins von drei Wünschen beseelt: Erstens: rasch! Zweitens: billig! und infolgedessen drittens: kurz!

Für die Abfassung seines *Handbüchleins der Weltgeschichte* erhielt Blumhardt nur auf sein inständiges, wohl begründetes Flehen eine Verlängerung der ihm auf ein Jahr angesetzten Frist. Seine Darstellung der Weltgeschichte sollte, so verlangte es anfangs Barth, nicht größer werden als Barths Württembergische Geschichte und nicht teurer als jene „Biblischen Geschichten“, denen ihrem Stoff nach doch ein wesentlich größeres Kundeninteresse und damit auch eine billigere Herstellung durch eine höhere Auflage zukam.

Auch hier ließ Barth auf Blumhardts Drängen ein wenig von der Strenge seiner Forderung nach, und ins Übrige fügte sich Blumhardt, obwohl gegen seine Überzeugung. Am empfindlichsten war ihm diese Beschränkung bei dem „Handbüchlein für Missionsgeschichte und Missionsgeographie“, das eben nicht ein Auszug aus Sammelwerken war, sondern in mancher Beziehung selbst ein Sammelwerk sein konnte. Am meisten war dies allerdings später, im Anfang der Sechzigerjahre, der Fall, wo er, der sonst schon mit Arbeit überladene Mann, die dritte Auflage dieses Handbuches ausarbeitete und mit Riesenfleiß das gewaltig angeschwollene Material aller Orten her zusammenbrachte und in ein auf drei Bändchen angelegtes Werk zusammenfasste. Es wäre dieses Werk in seiner ursprünglichen Gestalt ein noch ungleich wertvollerer Bestandteil unserer wissenschaftlichen Missionsliteratur geworden als in seiner auf zwei Bändchen verkürzten Gestalt; und die Steigerung des Preises wäre wohl von derjenigen des Wertes des Buches übertroffen worden auch in den Augen des Publikums.

Aus dem allen mag noch hervorgehen, dass Blumhardt als Schriftsteller für den Calwer Verlagsverein nicht ganz er selbst ist, dass wir dort seinen schriftstellerischen Charakter nicht völlig kennen lernen. Aber auch ein anderes leuchtet uns ein: dass jene Arbeiten ihm eine treffliche Schule waren für knappen, bündigen und doch klaren Stil.

Mit Ausnahme der Monatsblätter, deren Redaktion er länger beibehielt, erstreckten sich diese schriftstellerischen Arbeiten über die fünf ersten Jahre seines Wirkens in Möttlingen und nahmen ihn gerade in den Zeiten des heißesten Kampfes am meisten in Anspruch. So musste er in jener Zeit jede Minute zurate ziehen, was ihm fast wie eine göttliche Fürsorge erschien, da es ihm die Zeit zu allem Grübeln und Fantasieren, falls er je zu solchem aufgelegt gewesen wäre, gründlich abschnitt.

Übrigens war er in den ersten Jahren seines Amtes in Möttlingen von äußerst zarter Gesundheit, und regelmäßig jeden Sommer überfiel ihn für Monate eine Ermattung, die ihm fast jede Nebenarbeit neben den Anforderungen seines eigentlichen Berufes verbot. Auch begann sich sein Haus mit Kindern zu beleben, in die er nicht nur Zeit investieren musste, sondern dies auch gern tat.

Seine Frau beschreibt die damalige Zeit mit gewissen Untertönen: „Er war damals glückselig in der emsigen Erfüllung seiner beruflichen Obliegenheiten und schriftstellerischen Aufgaben, etwa wie ein aufgeweckter Schulknabe in den seinigen."

Im Grunde seiner Seele aber lag damals eine tiefe Wehmut, eine schmerzliche Sehnsucht, für das Reich Gottes, das in seinen Augen so tief darniederlag, mehr wirken zu dürfen, als ihm vorerst in Aussicht stand.

Der Kampf

Die Krankheit der Gottliebin Dittus

Blumhardts Leben und Wirken gaben bald Ereignisse, in die er hineingerissen wurde, eine ungeahnte Wendung. Die Mächte, von denen unser Dasein oft mehr, als wir ahnen, beeinflusst ist, wurden ihm in einer Weise offenbar, für die er von der Mitwelt die wünschenswerte Aufmerksamkeit weder erwarten konnte, noch erfuhr. Die allerhöchste Macht Gottes, an die er sich hielt, trat ihm in einer Größe und Lebendigkeit nahe, wie sie wohl seit langer Zeit kaum einer in solchem Grad erfahren durfte. Die Ereignisse, die wir meinen, hat er selbst seiner kirchlichen Oberbehörde auf ihr Verlangen in einer Denkschrift mitgeteilt unter dem Titel: „Krankheitsgeschichte der Gottliebin Dittus"; in seiner Erinnerung hießen sie „Der Kampf".

Die genannte Denkschrift fand ohne Schuld jener Behörde und völlig gegen den Wunsch Blumhardts bald den Weg in die Öffentlichkeit, wenigstens insofern, als vielfach teilweise entstellte Abschriften zu zirkulieren begannen. Dies nötigte Blumhardt seinerseits, die Denkschrift, von der er für sich nicht einmal ein Original behalten hatte, in sorgfältiger Bearbeitung in einer Auflage von 100 Exemplaren lithographieren zu lassen. Er stellte diesem „Manuskripte" die Erklärung an die Spitze, es sei nicht sein Wunsch, dass dieser Aufsatz sich weiter verbreite – und die Bitte an den Leser, diesen seinen wohl überlegten Wunsch freundlich zu berücksichtigen.

Diesem Wunsch wird auch hier insofern Rechnung getragen, als in der Mitteilung jener Krankheitsgeschichte alle die schauerlichen Offenbarungen unheimlicher Kräfte nur so weit berührt werden, als es zum Verständnis des Ganzen unerlässlich ist.

Eine weitere Berücksichtigung des Wunsches jedoch ist nicht berechtigt; denn Blumhardt hat diesen seinen Kampferlebnissen selbst bis zu seinem Lebensende, ja fast je länger je mehr, eine so große Bedeutung für die christliche Kirche zugeschrieben, dass er der Veröffentlichung seiner Erfahrungen nach ihrem wesentlichen Inhalt nach seinem Tode sicherlich zugestimmt hätte. Hat er doch selbst oft bei dem Wort des Herrn: „Was ich euch ins Ohr sage, das predigt von den Dächern" bemerkt, es gäbe im Reich Gottes oft solche Zeiten, wo etwas eine Zeit lang nur ins Ohr gesagt werden könne, nachher aber Zeiten, wo das Nämliche von den Dächern gepredigt werden müsse. Auch verschwindet der Schein des Apokryphischen, der sich bei bloß allgemeinen, geheimnisvollen Andeutungen um diese Erlebnisse lagert, bei genauerer Darstellung und macht dem überwältigenden Eindruck einer großen Wirklichkeit Platz.

Zur weiteren Einleitung dieses Teils der Lebensbeschreibung sei hier das an seine Oberbehörde gerichtete Vorwort der Denkschrift größtenteils mitgeteilt.

„Indem ich mitfolgenden Aufsatz einer hochpreislichen Oberkirchenbehörde übergebe, fühle ich mich zu der Erklärung gedrungen, dass ich noch gegen niemand so kühn und unumwunden über meine Erfahrungen mich ausgesprochen habe. Ich werde mit verschiedenen Augen selbst von meinen besten Freunden angesehen, und eben letztere haben mich in die peinliche Lage versetzt, gegen sie ganz schweigen zu müssen, weil es ist, als ob sie eine Gefahr fürchteten, wenn sie nur auch davon hörten, wiewohl ich ihnen auch dafür Dank schuldig bin, dass sie fortgehend während der Zeit meines Kampfes für mich zitterten.

War daher bei weitem das meiste bisher Geheimnis geblieben, das ich in meiner Brust bis ins Grab unenthüllt bewahren könnte, so stand es mir völlig frei, für diesen Aufsatz beliebige Auswahl zu treffen; und es wäre mir eine Kleinigkeit gewesen, eine Darstellung zu geben, die sich ohne allen Anstoß hätte können von jedermann lesen lassen. Das konnte ich aber nicht über mich bringen; und obwohl ich fast bei jedem Abschnitt zittern wollte, ob es nicht übereilt und unvorsichtig wäre, alles so bar herauszusagen, so lautete es doch immer wieder in mir: Heraus damit!

So sei es denn gewagt; und ich tue es auf den Namen Jesu, der Sieger ist. Eben hier ehrlich und offen zu sein, achtete ich nicht nur als Schuldigkeit gegen meine hochverehrte Oberkirchenbehörde, welche alles Recht zu einer Offenheit um mich verdient hat, sondern auch gegen meinen Herrn Jesum, dessen Sache allein es ist, die ich zu verfechten hatte. Indem ich aber hier zum ersten Male ohne Rückhalt mich ausspreche, liegt mir freilich der Wunsch nahe, es möchten diese Mitteilungen mehr als Privatmitteilungen angesehen werden, als lege ein vertrauter Freund seine Geheimnisse in den Schoß seiner Freunde nieder.

Eine zweite Bitte möchte auch verzeihlich sein: Es mögen die verehrten Leser öfters das Ganze lesen, ehe sie ein Urteil fällen. Indessen vertraue ich dem, der die Herzen in seiner Gewahr hat, und wie auch die Urteile ausfallen mögen, so bleibt mir die Beruhigung, ohne Hehl Wahrheit gesprochen zu haben, und obendrein die felsenfeste Gewissheit: ‚Jesus ist Sieger!'"

Eine weitere Beleuchtung seiner Denkschrift gibt Blumhardt in seiner Verteidigungsschrift gegen einen Dr. de Valenti in folgenden Worten: „Ich hätte können freilich, möchte man sagen, klüger sein und in meinem Berichte das, was man mir als den ungemessensten Eigendünkel auslegen konnte, füglich weglassen, weil man ja längst gewohnt ist, Geschichten von dämonischen Erscheinungen, namentlich von Somnambulen, ohne einen vernünftigen Ausgang sich schließen zu sehen. Aber ich habe das alles wohl gefühlt, und man glaube ja nicht, dass ich in der Dummheit allzu ehrlich gewesen sei.

Wenn ich berichten musste, und dazu war ich beauftragt, so wollte ich nicht gegen die Wahrheit es so darstellen, als ob eben da einmal wieder eine dämonische Scharlatanerie oder Sonderbarkeit vorgekommen sei, wie man sie in den letzten Jahrzehnten schon oft gehört und gesehen hat. Ich hätte mich geschämt, in die Reihe der abenteuerlichen Sonderlinge mich einreihen zu lassen, welche so häufig nur ein irriges Spiel mit Erscheinungen und Ereignissen aus der andern Welt treiben; ich stand in der Furcht Gottes bei jener Sache, und wenn die Letztere ein viel ernsteres Gewand bekam, als alle Geschichten ähnlicher Art sonst haben, so musste ich eben das schon zu meiner Selbstrechtfertigung meiner Behörde deutlich machen. Schrieb ich einmal etwas ... , so musste ich alles schreiben, und so sagte ich offen und ohne Vorbehalt heraus, wie ich handelte und dachte;

so konnte ich auch umso getroster jedes Resultat erwarten, und war ich etwa verkehrt oder im Irrtum oder im Eigendünkel, so sollte das meine Behörde wissen oder zu beurteilen imstande sein, denn ich will einmal nicht in einen stummen Eigensinn mich verrammeln, wie es allerdings in gegenwärtiger Zeit manche falsche Richtungen und dämonische Geistlichkeiten tun, da die Betrogenen im Verborgenen mancherlei ausbrüten und niemanden, der nicht schon ganz ihnen angehört, in ihre Heimlichkeiten hineinschauen lassen; meine Sache sollte ans Licht und im Lichte geprüft werden – aber wohlgemerkt nur als eine Art Beichtgeheimnis gegenüber meiner Behörde; dieser wollte ich es sagen und vorerst sonst niemandem. Ich habe auch Wort gehalten."

In Möttlingen steht nach einer seitlichen Dorfgrenze zu ein ärmliches Haus, heute noch wie damals kenntlich durch einen Fensterladen, der in verwitterten Zügen die Inschrift trägt:

„O Mensch, gedenk der Ewigkeit!
Versäume nicht die Gnadenzeit!
Denn das Gericht ist nicht mehr weit."

In das Erdgeschoss dieses Hauses zog im Frühjahr 1840 die arme, aus fünf Geschwistern bestehende Familie Dittus: Die zwei Brüder Andreas und Johann Georg mit ihren drei Schwestern Katharina, Anna Maria und Gottliebin. Gottliebin, von der unsere Geschichte handelt, war am 13. Oktober 1815 geboren, also knapp 25 Jahre alt zur Zeit des Einzugs.

Die Eltern dieser Geschwister hatten sich als fromme Christen eng an die Pfarrer Machtolf und Groß gebunden. Gottliebin galt seinerzeit als Liebling Dr. Barths, weil sie sich sehr aufgeweckt zeigte und hochinteressiert an seiner geistlichen Botschaft. So hatte sie auch an den regelmäßigen Spinnabenden teilgenommen, mitgedichtet und dort die Fähigkeit geschult, eigene geistliche Lieder zu texten.

„Ohne Dich gilt ihr nichts", schrieb Blumhardt noch von Boll aus an Barth und zeigte damit Gottliebins Verbundenheit zu Blumhardts

Vorgänger auf. Von Kind auf hatte sie je und je manches Unheimliche erlebt, dem die Neigung zugrunde zu liegen schien, sie zu einer Hauptperson in der unter dem Volk im Schwange geltenden Zauberei zu machen, welche Absicht jedes Mal durch ihre starke Gottesfurcht vereitelt wurde. In der Folge nun bekam sie allerlei eigentümliche Krankheiten, um derentwillen sie ihre Dienstplätze, an welchen sie bis dato wohl gelitten war, öfter zeitweise und schließlich gänzlich verlassen musste.

Barth benutzte seine vielen Verbindungen, um bedeutende Ärzte für sie zurate zu ziehen, sodass sie von ihrem letzten Leiden, einer Nierenkrankheit, leidlich genas. Von dem nachfolgenden Pfarrer Blumhardt fühlte sie sich in unerklärlicher Weise ebenso stark angezogen wie abgestoßen. Bei seiner Antrittspredigt focht sie der Wunsch an, ihm die Augen auszukratzen, andererseits war Blumhardt sicher, sie überall zu treffen, wo es irgend möglich war, irgendein Erbauungswort von ihm zu hören, so auch wöchentlich im Filial Unter-Haugstett, obwohl ihre Gebrechen, namentlich ein kurzer Fuß, ihr das Gehen sehr erschwerten. Dabei hatte sie eine auffallende, gedrückte Schüchternheit, hinter welcher sich, wie das ja oft genug der Fall ist, übermäßiges Selbstbewusstsein und abwehrende Verschlossenheit zu verstecken schienen.

Ihr Eindruck auf Blumhardt, und nicht nur auf ihn, war ein im eigentlichsten Sinne unsympathischer.

Sofort nun, als diese fünf Geschwister in vorgenannte Wohnung eingezogen, glaubte Gottliebin Dittus eine eigentümliche Einwirkung auf sich zu verspüren, die ihr umso auffallender war, da es ihr vorkam, als sähe und hörte sie manches Unheimliche im Haus. Letzteres entging auch ihren Geschwistern nicht. Gleich am ersten Tage, als sie zu Tisch betete: „Komm, Herr Jesu, sei unser Gast, und segne, was du bescheret hast!“, bekam sie einen Anfall, bei dem sie bewusstlos zu Boden fiel. Was man hörte, war ein häufig wiederkehrendes Gepoltere und Geschlürfe in der Kammer, Stube und Küche, das die armen Geschwister oft sehr ängstigte, auch die im oberen Stockwerk wohnenden weiteren Mieter beunruhigte, wiewohl alle sich scheuten, irgendetwas davon merken zu lassen.

Gottliebin erfuhr noch besondere Dinge an sich, dass ihr bei Nacht gewaltsam die Hände übereinander gelegt wurden, dass sie Gestalten und Lichtlein erblickte; ja aus ihren Erzählungen geht hervor, dass die spätere Besessenheit schon in jener Zeit ihren Anfang bei ihr genommen hatte. Sie hatte von jener Zeit an etwas Widerliches und Unerklärliches in ihrem Benehmen und eine zurückstoßende Art, die vielfach missfiel; doch ließ es jedermann so geheim, da nach der armen Waisenfamilie niemand viel fragte und Gottliebin mit ihren Erfahrungen höchst verschwiegen war.

Blumhardt selbst hörte nur allmählich und nur gerüchteweise von der Sache und nahm keine Notiz von ihr.

Erst im Herbst 1841 kam Gottliebin zu Blumhardt ins Pfarrhaus, da ihre nächtlichen Anfechtungen und Plagen einen immer höheren Grad erreichten, sprach aber nur in so allgemeinen Ausdrücken, dass Blumhardt nicht recht aus ihr klug wurde, auch wenig Befriedigendes ihr sagen konnte. Indessen bekannte sie aus freien Stücken einiges aus ihrem früheren Leben, indem sie durch dieses Bekenntnis von den erwähnten Anfechtungen frei zu werden hoffte.

Im Dezember jenes Jahres bis in den Februar 1842 litt sie an der Gesichtsrose und lag sehr gefährlich krank. In der ganzen Krankheit aber mochte Blumhardt sie nicht viel besuchen, weil ihn ihr Benehmen abstieß, indem sie, wenn sie ihn sah, beiseite blickte, seinen Gruß nicht erwiderte, wenn er betete, die vorher gefalteten Hände auseinander legte, überhaupt seinen Worten gar keine Aufmerksamkeit schenkte, ja fast besinnungslos schien, was sie vor und nach seinem Besuch nicht war. Blumhardt glaubte sie damals eigensinnig, selbstgerecht, geistlich stolz, wofür man sie auch anderwärts zu halten anfing, und blieb lieber weg, als sich lauter Verlegenheiten auszusetzen. So war die Kranke wieder nahezu auf sich selbst angewiesen, und zwar unverschuldet; denn all dies ihr widriges Wesen war krankhaft und unwillkürlich; die Hände z. B., so klagte sie später, seien ihr, sobald Blumhardt zu beten anfing, gewaltsam auseinander getan worden.

Einen treuen Freund und Berater hatte sie dafür an ihrem verständigen und mitleidsvollen Arzt Dr. Späth in Merklingen, dem

Einzigen, dem sie alles klagte, namentlich auch die Spukgeschichten. Ein sonderbares Leiden, Brustblutungen, das sie ebenfalls nur ihm klagte, vermochte er nicht zu heilen; es verlor sich aber sofort, als Blumhardt sie in seine seelsorgerliche Pflege nahm, ohne dass er weder vom Leiden noch von der Genesung eine Ahnung hatte.

Endlich im April 1842, also nachdem der Spuk schon über zwei Jahre gedauert, wurde Blumhardt durch Verwandte der Geplagten, die ihn um Rat fragten, des Näheren über die Sache unterrichtet. Es tat Hilfe Not, denn das Gepolter wurde nachgerade so unverschämt laut, dass man es ziemlich weit in der Nachbarschaft hörte, gerade als wären hier Handwerksleute beschäftigt. Die Verwandten berichteten Folgendes: Gottliebin sehe ganz besonders häufig die Gestalt einer zwei Jahre vorher verstorbenen Frau aus Möttlingen mit einem toten Kind in den Armen. Diese Frau, deren Namen sie vorsichtig verschwieg und erst später nannte, stehe immer auf einer gewissen Stelle vor ihrem Bett und bewege sich zuweilen zu ihr hin und wiederhole oft die Worte: „Ich will eben Ruhe haben“, oder „Gib mir ein Papier, so komme ich nicht wieder.“

„Nun wurde ich“, erzählt Blumhardt, „gefragt, ob man ein Näheres bei der Gestalt erfragen dürfe. Mein Rat war, Gottliebin dürfe sich durchaus in kein Gespräch mit der Gestalt einlassen, umso mehr, da man nicht wisse, wie viel Selbsttäuschung mit unterlaufe; jedenfalls sei gewiss, dass man in entsetzliche Verwirrungen und Torheiten geraten könne, wenn man mit der Geisterwelt sich einlasse; sie sollte ernstlich und gläubig beten, so werde die Sache nach und nach von selbst aufhören. Eine Freundin wagte es auf meine Bitte, bei ihr zu schlafen, um ihre Gedanken womöglich von jenen Dingen abzuziehen. Das Gepolter wurde auch von ihr gehört, und endlich entdeckten sie, durch einen Lichtschimmer geleitet, unter einem Brett an der Oberschwelle der Kammertür einen rußigen halben Bogen Papier, der beschrieben, aber durch den darauf geschmierten Ruß unleserlich war. Daneben fanden sie drei Kronentaler, einer war 1828 geprägt worden, und etliche Papiere, die inwendig gleichfalls mit Ruß überzogen waren.“

Von da an war es ruhig.

„Die Gespenstergeschichte hatte ihr Ende erreicht", schrieb Blumhardt an Barth. Doch nach 14 Tagen fing das Gepolter wieder an. Neue Funde ähnlicher Art, durch ein hinter dem Ofen aufflackerndes Flämmchen verraten, auch Pülverchen, die vom Oberamtsarzt und einem Apotheker in Calw untersucht wurden, ergaben nichts Erhebliches.

Das Gepolter wurde indessen immer ärger und skandalöser, Tag und Nacht, meist, wenn Gottliebin in der Stube war. Dr. Späth blieb, neben anderen neugierigen Personen, zweimal in der Stube über Nacht, und was er erlebte, übertraf alle Befürchtungen.

Das Aufsehen wurde immer größer, auch in der weiteren Umgebung, zog selbst Reisende herbei.

Da entschloss sich Blumhardt, womöglich, um dem Skandal ein Ende zu machen, etwas Durchgreifendes zu tun und die Angelegenheit genau zu untersuchen. Insgeheim verabredete er mit dem Schultheißen und Teppichfabrikanten Kraushaar, einem verständigen, nüchternen, gottesfürchtigen Mann, und etlichen Gemeinderäten, zusammen sechs bis acht Mann, für den 9. Juni 1842 eine überraschende nächtliche Inspektion. Zuerst schickte man Mose Stanger, einen jung verheirateten Verwandten der Gottliebin ins Haus. Dann folgten gegen 10 Uhr abends die Übrigen, die sich zu zweit in und um das Haus verteilten.

Schon bei Blumhardts Eintritt in die Stube kamen ihm zwei gewaltige Schlagtöne aus der Kammer entgegen. In kurzer Zeit erfolgten weitere: Töne, Schläge, Klopfen der verschiedensten Art wurden gehört, meist in der Kammer, wo Gottliebin angekleidet auf dem Bett lag.

Die anderen Wächter draußen und im obersten Stock hörten alles und sammelten sich nach einiger Zeit in der unteren Wohnung, weil sie überzeugt waren, dass alles, was sie hörten, von hier ausgehen müsse.

Der Tumult schien größer zu werden, besonders als Blumhardt einen geistlichen Liedvers zu singen befahl und einige Worte betete. In drei Stunden wurden gegen 25 Schläge auf eine gewisse Stelle in der Kammer vernommen, die so gewaltig waren, dass der Stuhl dort aufsprang, die Fenster klirrten und Sand von der Oberdecke niederfiel und ferne Ortsbewohner an ein Neujahrsschießen erinnert wurden.

Daneben ließen sich stärkere und schwächere Töne, oft wie ein Spiel mit den Fingern oder ein mehr oder minder regelmäßiges Umhertüpfeln, vernehmen, und man konnte dem Ton, der unter der Bettlade hauptsächlich zu entstehen schien, mit der Hand nachfahren, ohne im Geringsten etwas zu finden. Man versuchte es mit und ohne Licht, was keine Veränderung ergab, doch erfolgten die stärksten Schläge in der Kammer nur, wenn alle in der Stube waren, wobei man aber immer unter der Türe deutlich die Stelle, auf die sie fielen, unterscheiden konnte. Es wurde alles aufs Genaueste untersucht; aber ein Erklärungsgrund konnte in keiner Weise gefunden werden.

„Endlich", so erzählt nun Blumhardt selbst, „gegen ein Uhr, da wir gerade in der Stube waren, rief mich Gottliebin zu sich und fragte, ob sie, wenn sie eine Gestalt sehe, sagen dürfe, wer es sei; denn sie hörte bereits ein Schlürfen. Das schlug ich ihr rund ab. Es war mir nun des Untersuchens schon zu viel geworden, und ich wollte es nicht darauf ankommen lassen, dass von so vielen Personen nun auch Unerklärliches gesehen werde. Ich hieß sie daher aufstehen, hob die Untersuchung auf und sorgte dafür, dass Gottliebin alsbald in einem andern Hause Unterkunft fand. So schieden wir vom Hause. Der halb sehende Bruder aber wollte nach unserm Abschied noch manches gehört und gesehen haben. Merkwürdig aber ist, dass gerade in jener Nacht die Unruhe am gesteigertsten war."

Am folgenden Tage, an einem Freitag, war Gottesdienst. Aus ihm ging Gottliebin besuchsweise in ihre alte Wohnung zurück. Eine halbe Stunde darauf entstand dort vor dem Haus ein ungeheurer Zusammenlauf, und ein Bote meldete Blumhardt, dass sie in tiefer Ohnmacht liege und dem Tod nahe sei. Er eilte hin und fand sie ganz starr auf dem Bett liegend, die äußere Haut am Kopf und an den Armen glühend und zitternd, sonst dem Anschein nach am Ersticken. Die Stube war gedrängt voll, und ein Arzt aus dem Nachbarort, der eben im Dorf war, war auch herbeigeeilt, versuchte einiges, sie zum Leben zu bringen, ging aber kopfschüttelnd weg.

Nach einer halben Stunde erwachte sie. Blumhardt vernahm es im Stillen von ihr, dass sie nach der Kirche in der Kammer die Gestalt der Frau mit dem toten Kinde gesehen habe, aber sofort bewusstlos umgefallen sei.

Nachmittags wurde das Lokal neuerdings untersucht, wobei man allerlei Seltsames sah und wieder wunderliche Dinge, die mit Zauberei im Zusammenhang zu stehen schienen, so auch kleine Gebeinchen, fand. Die Sachen packte Blumhardt zusammen und fuhr damit in Begleitung des Schultheißen zum Oberamtsarzt Dr. Kayser in Calw, dem er alles offen erzählte, und der nach einiger Zeit die Gebeine für Vogelbeine erklärte. Es lag ihm nun vor allem daran, alles Aufsehen für immer zu unterdrücken.

Blumhardt verschaffte Gottliebin eine Unterkunft bei ihrer Base, später bei ihrem Vetter, dem Vater des Mose, dem Gemeinderat Johann Georg Stanger, der zugleich ihr Faulpate war und eine zahlreiche Familie hatte, deren sämtliche Glieder christlich gesinnt und jetzt auch sehr teilnehmend waren und die strengste Verschwiegenheit beobachteten. Zugleich verlangte er, dass Gottliebin bis auf weiteres ihr eigenes Haus möglichst nicht wieder betrete, in das sie auch wirklich erst in der Mitte des folgenden Jahres wieder einzog. Von der Sache selbst durfte kein Aufhebens mehr gemacht werden, und so streng wehrte er alles ab, dass er sogar dem Bruder der Gottliebin, Hansjörg, den Besuch bei ihr untersagte. Blumhardt nahm sich vor, ganz im Stillen mit dem Schultheißen und einigen andern verständigen Männern bisweilen Besuche bei ihr zu machen, um zu sehen, was werden wolle.

Er schildert uns seine Besorgnisse und Maßnahmen in jener Zeit folgendermaßen: „Ein besonderes Grauen hatte ich vor Erscheinungen des Somnambulismus, die so häufig ein ärgerliches Aufsehen erregen und so wenig Gutes bisher gestiftet haben, und da immerhin ein geheimnisvolles und gefährliches Feld sich hier eröffnete, so konnte ich nicht umhin, in meinen einsamen Gebeten die Sache dem Herrn zu befehlen, ihn bittend, doch ja vor allen Torheiten und Verirrungen, in welche man verwickelt zu werden versucht sein könnte, mich und andere zu bewahren. Als sich die Sache ernstlicher entwickelte, hielt ich besondere Gebete und Besprechungen auf meinem Zimmer mit dem Schultheißen und Mose, und ich kann wohl sagen, dass hierdurch ein nüchterner Sinn unter uns erhalten wurde, der allein ein glückliches Ende versprechen konnte."

Jenes eigentümliche Kränzchen war Blumhardt und seinen beiden Freunden von großem Segen. „Unvergesslich", sagt er hierüber, „sind mir die heißen Gebete, die hier diese Männer zu Gott emporschickten um Weisheit, Kraft und Hilfe. Wir durchsuchten miteinander die ganze Heilige Schrift und bestärkten und ermahnten einander, ja nicht weiter uns gehen zu lassen, als die Schrift uns führe; dass wir Wunder tun wollten, kam uns nicht entfernt in den Sinn. Tief bekümmert aber waren wir, dass der Teufel sollte so viel Macht noch haben, und dass solche von niemand erkannte Satansnetze über die Menschheit sollten ausgebreitet sein. Unser herzliches Mitleiden betraf so nicht bloß die arme Person, deren Jammer wir vor uns sahen, sondern wir jammerten und seufzten vor Gott über die Millionen, die, von Gott abgewichen, in die heimlichen Bande der Zauberei verstrickt werden; wir beteten, dass Gott doch wenigstens in diesem Falle uns Sieg geben und den Satan unter unsere Füße treten wolle."

Es vergingen jedoch Wochen, bis das Geschwätz in der Umgegend sich verlor, und viele Fremde kamen, das Haus zu besuchen; manche wollten auch darin übernachten, um sich von der Wahrheit der Gerüchte zu überzeugen. Allein das Haus wurde sorgfältig verwahrt und dem gegenüberwohnenden Dorfschützen anempfohlen.

Anfragen bei Blumhardt, wie einmal von drei katholischen Geistlichen der badischen Nachbarschaft, die einige Stunden der Nacht in der Stube zubringen wollten, wies er aufs Entschiedenste zurück. Allmählich wurde es stiller, und alles Kommende blieb der Gemeinde unbekannt, wenn auch Einzelne manchmal einiges erfuhren. „Im Übrigen", sagt er, „erzeigte mir diese Gemeinde, welche eben doch geistlich gehobener war als viele andere Gemeinden, in der langen Kampfeszeit in der Stille, ohne sich gegen mich zu äußern, eine ernste, andachtsvolle und erwartungsvolle Teilnahme, was mir die Ausdauer sehr erleichterte, aber gleichfalls es mir unmöglich machte, aufzuhören, ohne wirklich fertig zu sein."

Das Gepolter dauerte in jenem Hause fort und hörte erst mit dem Beginn der Erweckung, Anfang 1844, auf. Aber es ging nicht lange, da fing es nun auch in der anderen Wohnung, in der sich Gottliebin befand, zu poltern an; und Blumhardt vernahm, Gottliebin verfalle, sooft man etwas höre, bald darauf in heftige Zuckungen. Diese Konvulsionen wurden immer stärker und andauernder, sodass sie oft nach vier bis fünf Stunden kaum fünf Minuten Ruhe hatte. In jener Zeit, als die Krämpfe so heftig wurden, dass einmal die Bettstelle auseinander ging, sagte der anwesende Dr. Späth in Tränen: „Man sollte meinen, es sei gar kein Seelsorger im Orte, dass man die Kranke so liegen lässt; das ist nichts Natürliches!"

Blumhardt ließ sich das zu Herzen gehen und besuchte sie häufiger. „Als ich einmal mit Dr. Späth bei ihr war", erzählte er, „zitterte ihr ganzer Leib, jeder Muskel am Kopf und an den Armen war in glühender Bewegung, wiewohl sonst starr und steif, dabei floss häufig Schaum aus ihrem Munde; so lag sie schon mehrere Stunden da, und der Arzt, der nichts Ähnliches je erfahren hatte, schien ratlos zu sein. Da erwachte sie plötzlich, konnte sich aufrichten, Wasser trinken, und kaum konnte man es glauben, dass sie die nämliche Person wäre."

In jenen Tagen kehrte auch ein herrnhutischer Reise- oder Diasporaprediger, Weiz aus Königsfeld, im Pfarrhause ein; er besuchte die Kranke, die ihm von früher her bekannt war, und nach seiner Rückkehr sprach er zu Blumhardt beim Abschied mit erhobenem Finger: „Vergiss deine Schuldigkeit nicht als Seelsorger!"

„Wieder Seelsorger! – Was soll ich denn tun", dachte Blumhardt, „ich tue ja, was jeder Seelsorger tut, was soll ich denn noch mehr tun?"

Bald darauf, an einem Sonntagabend kam Blumhardt wieder zu der Kranken, als mehrere Freundinnen anwesend waren, und sah schweigend den schrecklichen Konvulsionen zu. Er setzte sich etwas entfernt nieder; sie verdrehte die Arme und krümmte den Leib hoch empor. Schaum floss aus ihrem Mund.

„Mir war klar geworden", sagte Blumhardt später, „dass etwas Dämonisches im Spiele sei nach den bisherigen Vorgängen, und ich empfand es schmerzlich, dass in einer so schauderhaften Sache so gar kein Mittel und Rat sollte zu finden sein. Unter diesen Gedanken erfasste mich eine Art Ingrimm, und plötzlich kam's über mich, und ich kann nicht anders als bekennen: Es war eine Anregung von oben, ohne dass ich's eben jetzt dachte. Mir festen Schritten trat ich vor (‚sprang ich vor', sagt er ein andermal), fasste die starrkrämpfigen Hände (was ich hätte lassen können, denn sie fühlte nachher Schmerzen davon), um sie möglichst zusammenzuhalten, rief ihr in ihrem bewusstlosen Zustande ihren Namen laut ins Ohr und sagte: ‚Lege die Hände zusammen und bete: Herr Jesu, hilf mir! Wir haben lange genug gesehen, was der Teufel tut, nun wollen wir auch sehen, was der Herr Jesus vermag.'

Nach wenigen Augenblicken erwachte sie, sprach die betenden Worte nach, und alle Krämpfe hörten auf zum großen Erstaunen der Anwesenden. Dies war der entscheidende Zeitpunkt, der mich mit unwiderstehlicher Gewalt in die Tätigkeit für die Sache hineinwarf, ich hatte vorher auch nicht den geringsten Gedanken daran gehabt und auch jetzt leitet mich ein unmittelbarer Drang, von dem ich den Eindruck noch so stark habe, dass eben er später oft meine einzige Beruhigung war, weil er mich überzeugte, dass ich nicht aus eigener Wahl oder Vermessenheit eine Sache unternommen hatte, deren schauerliche Entwicklungen ich mir damals unmöglich hätte vergegenwärtigen können."

Das war für Blumhardt, wie er später mehr und mehr erkannte, der Wendepunkt seines Lebens. Er hatte diesem dunklen Geschehen gegenüber, statt mit dumpfer Ergebenheit oder Gedankenlosigkeit es eben geschehen zu lassen, es gewagt, sich mit festem Bewusstsein unmittelbar zu Gott, dem Allerhöchsten, oder zu Jesus, der zur Rechten Gottes erhöht ist, zu wenden, und der Herr hatte ihm sofort aus den Höhen herab mit der Tat geantwortet.

Er selbst war fortan ein anderer. Er war nicht mehr bloß jene liebenswürdige, fast jungfräuliche Erscheinung, als die er von seinen Jugendfreunden geschildert wird, es war ein Siegergeist aus der Höhe über ihn gekommen, der in ihm blieb. Hier hatte er ein gnadenvolles, machtvolles Eingreifen des Heilandes erlebt, ähnlich wie er es als

Kind in der Bibel gelesen, und auch ein zweckvolles. Denn wie wichtig für das Reich Gottes, ja wie unentbehrlich für seinen endlichen Sieg das sei, dass einmal dem Reich der Finsternis und seinen Einflüssen in solcher Weise Abbruch geschehe, das begann Blumhardt bis an seinen Tod je länger je mehr zu erfahren.

Jene geistlichen Feinde, denen es gelang, den Menschen den Namen Gottes und seines Sohnes Jesu Christi dermaßen zu verhüllen, dass man sogar über ihr Sein oder Nichtsein gelehrte Forschungen anzustellen sich bemüßigt finden konnte – diese Feinde müssen, soll es mit dem Reiche des Herrn vorwärts gehen, einmal zum Schemel seiner Füße gelegt werden. Und dass dies eine Frage der Macht, eine Sache des Kampfes, eine Aufgabe des Glaubens sei, ja dass in letzter Linie so viel göttliche Erlösung ins Menschenleben hereinrage oder nicht hereinrage, als seitens der Menschheit Glaube und glaubendes Wünschen da ist oder nicht – darüber gingen ihm gerade im Verlauf dieses Kampfes immer mehr die Augen auf. Auch die Beschauer seines Lebens stehen hier an einem denkwürdigen Wendepunkt. Man kann sagen, dass in dieser Lebensbeschreibung in der Folge unvermerkt, aber doch unverkennbar die Person Blumhardts vor einem andern zurücktritt – vor dem Herrn Jesus selbst. In ihrem Verlauf sind oft weniger Leistungen Blumhardts als Taten des Herrn Jesus durch ihn zu verzeichnen. Das Verdienst, welches Blumhardt dabei gebührt, hat er einmal in seiner naiven Geradheit so ausgesprochen: „Damals hat der Heiland vor der Tür gestanden und angeklopft, und ich habe ihm aufgetan."

Er wollte damit diesem Wort den ihm gewöhnlich unterlegten zarten Sinn für Gemüts- und Gefühlsbedürfnisse nicht rauben, obwohl sein „nach Geschehen hungerndes" Herz davon noch nicht befriedigt war. Das Wort steht an so wichtiger Stelle, als letzter Ruf, wie ein Abschiedsruf, an seine dem Einschlafen nahe Gemeinde. Es steht ähnlich wie Maleachis letztes Wort: „Ist's nicht ein Ruf dessen, der wiederkommen will? Siehe, ich stehe an der Tür, ich bin schon wie vor die Tür gestellt, ich will hinein, hinein in euer Menschenleben, in eure ‚Wirklichkeit' mit all der Gnadenmacht, die mir der Vater gegeben hat, hineinwirken und mein volles Kommen vorbereiten. Ich klopfe an, aber ihr hört ob all euren Siebensachen, euren politischen Streitigkeiten und theologischen Zänkereien meine Stimme nicht."

So ungefähr verstand Blumhardt diese Stelle und sagte: „Damals habe ich sein Anklopfen *gehört* und ihm *aufgetan.*"

Er hat dem Herrn Jesu Gelegenheit gegeben, selbst einzugreifen.

Das erzählte, das sichtliche, macht- und gnadenvolle Eingreifen des Herrn Jesus ist auch der Grund, warum im Folgenden zum Teil sehr unerquickliche Geschichten mit in Kauf genommen werden müssen, weil eben gerade in ihnen die Hilfe des Herrn sich offenbarte. Wir fahren in der Erzählung der Geschichte fort, die, statt – wie zu hoffen schien – aufzuhören, hier eigentlich erst recht beginnt.

Auf die Hilfe hin hatte die Kranke mehrere Stunden Ruhe. 10 Uhr abends wurde Blumhardt wieder gerufen, die Krämpfe waren wieder in über die Maßen schauerlicher Weise da; wiederum ließ er sie obige Bitte ausrufen: „Herr Jesu, hilf mir!" Wieder ließen die Krämpfe augenblicklich nach, und alle erneuten Versuche, wiederzukehren, wurden auf dieselbe Weise vereitelt, bis sie nach drei Stunden rief: „Jetzt ist mir ganz wohl!" und von da an bis 9 Uhr abends des nächsten Tages Ruhe hatte.

Als dann Blumhardt mit seinen beiden Freunden, die er grundsätzlich immer mit sich nahm, wenn er die Kranke allein wusste, sie wieder besuchte, stellten sich neue Zustände ein; die Kranke gebärdete sich wütend gegen ihn, versuchte ihn zu schlagen, jedoch ohne ihn zu berühren, und endlich schlug sie die Hände aufs Bett nieder, wobei es den Anschein hatte, als ob eine geistige Macht durch die Fingerspitzen ausströmte. So ging es noch einige Zeit mit Unterbrechung von etwa drei Tagen, und endlich verloren sich diese Krämpfe, und Blumhardt glaubte wieder einmal mit einem tief gefühlten „Gottlob", fertig zu sein.

Über das Verhalten der Kranken in der ganzen Kampfeszeit bemerkt Blumhardt: „Eigentümlich war dabei, dass der Geist der Kranken nie eigentlich angegriffen wurde; ihre Person, wenn frei, blieb immer dieselbe klare, lautere, dem Herrn zuversichtlich anhangende Christin und erforderte nicht die geringste seelsorgerische Behandlung; wenn die momentan eintretenden, ob auch länger dauernden Angriffe vorüber waren, war sie wieder aller ihrer Sinne vollkommen mächtig und besaß sie eine Verständigkeit, Umsicht und Einsicht ins Göttliche, wie dies wenige Christen haben."

Bald ging bei der Gottliebin eine neue Not an. Man hörte wieder ein Klöpfeln wie mit Fingern um sie her, dann bekam sie plötzlich einen Schlag auf die Brust und sank zurück; auch sah sie die weibliche Gestalt wieder, die sie in der vorigen Wohnung gesehen. Diesmal nannte sie Blumhardt den Namen: eine zwei Jahre vorher verstorbene Witwe, die Blumhardt noch gut in seelsorgerlicher Erinnerung war. Sie hatte bei Lebzeiten ein seufzendes Wesen, suchte Frieden und fand ihn nicht.

Einmal, als Blumhardt das schöne Lied: „Ruhe ist das beste Gut" angeführt hatte, erbat sie es und schrieb es sich ab. Noch auf dem Totenbett bekannte sie Blumhardt, von heftigen Gewissensbissen gepeinigt, schwere Sünden, fand jedoch dadurch nur wenig Ruhe. „Als ich hinging", erzählt nun Blumhardt, „hörte ich das Klöpfeln. Gottliebin lag ruhig im Bett; plötzlich war's, als führe es in sie, und ihr ganzer Leib geriet in Bewegung. Ich sprach sodann einige Worte als Gebet und erwähnte dabei den Namen Jesu. Sogleich rollte sie die Augen, schlug die Hände auseinander, und eine Stimme ließ sich hören, die man augenblicklich für eine fremde erkennen musste, nicht sowohl wegen des Klangs, als wegen des Ausdrucks und der Haltung in der Rede. Es rief: ‚Den Namen kann ich nicht hören!'

Alle zusammen schauderten. Ich hatte noch nie etwas Derartiges gehört und wandte mich in der Stille zu Gott, er möge mir Weisheit und Vorsicht schenken und namentlich mich vor unzeitiger Neugier bewahren. Endlich wagte ich etliche Fragen mit dem bestimmten Vorsatz, nicht nur auf das Notwendigste zu beschränken und auf meine Empfindung zu merken, wenn es etwa zu viel wäre, zunächst mit Bezug auf jenes Weib, etwa so: ‚Hast du denn keine Ruhe im Grabe?'

‚Nein!'

‚Warum nicht?'

‚Das ist meiner Taten Lohn.'

‚Hast du denn', fuhr ich fort, nur still voraussetzend, dass es jene Person sei, ‚nicht alles gestanden?'

‚Nein. Ich habe zwei Kinder gemordet und im Acker begraben.‘
‚Weißt du denn jetzt keine Hilfe mehr? Kannst du nicht beten?‘
‚Beten kann ich nicht.‘
‚Kennst du denn Jesum nicht, der Sünden vergibt?‘
‚Den Namen kann ich nicht hören.‘
‚Bist du allein?‘
‚Nein.‘
‚Wer ist denn bei dir?‘
Die Stimme antwortete zögernd, zuletzt rasch herausfahrend: ‚Der Allerärgste!‘
So ging das Gespräch noch eine Weile fort, und die Redende klagte sich der Zauberei an, um derentwillen sie des Teufels Gebundene sei. Schon siebenmal – sagte sie – sei sie ausgefahren, jetzt gehe sie nicht mehr. Ich fragte sie, ob ich für sie beten dürfe, was sie erst nach einigem Bedenken gestattete, und ich gab ihr endlich zu verstehen, dass sie im Leibe der Gottliebin nicht bleiben dürfe. Sie schien wehmütig zu flehen, dann wieder trotzig zu werden; ich aber gebot ihr auszufahren, jedoch nicht im Namen Jesu, was ich lange nicht wagte, worauf sich schnell die Szene änderte, indem Gottliebin die Hände stark aufs Bett niederschlug, womit die Besetzung vorüber zu sein schien.“

Wir können uns denken, dass in jenen Tagen die Frage, ob Blumhardt am Ende nicht doch in ein maßvoll gehaltenes Gespräch eintreten dürfe oder müsse, in jenem Freundeskreis, Blumhardt, Schultheiß, Mose, ernstlich behandelt und erwogen wurde. Ebenso, dass sie, weil sie diese Erwägung immer an der Hand der Bibel vornahmen, schließlich notgedrungen bei Lukas 8,2ff. anlangten. Blumhardt hat die dort erzählte Geschichte der Heilung des besessenen Gergeseners in den „Blättern aus Bad Boll“ ausführlich in einer bei seinen Erfahrungen hochinteressanten Weise besprochen:

„Statt augenblicklich, wie das sonst war, auszufahren, versuchten die Dämonen noch eine Bitte. Nach Lukas fürchteten sie nichts mehr, als in die Tiefe fahren zu müssen. Jesus zeigt sich aber offenbar weich gestimmt, und als zukünftiger Richter der Lebendigen und der Toten, zu deren Erlösung im weitesten Umfange, soweit sich's möglich machte, er zunächst gekommen ist, kann er für Tote nicht als der Empfindungslose dastehen. Er lässt daher sozusagen mit sich reden und hält gleichsam inne. So fragt er den – alle repräsentierenden – unsaubern Geist: ‚Wie heißest du?' Offenbar fragt er nicht so den besessenen Menschen, sondern den aus ihm redenden Geist – und den fragt er nach dem Namen, den er im Leben gehabt habe. Er kann auch nicht außermenschliche Wesen, wenn man diese sich unter den Dämonen vorstellen wollte, also fragen. Hier ließe sich ja gar kein Grund denken. Denn welche Bedeutung sollte hier solcher Wesen Namen haben, da ja gar nichts bezüglich ihrer Person sich daran anknüpfen ließe? Deswegen ist eben diese Frage der stärkste Beweis dafür, dass es sich bei Dämonen, welche Menschen in Besitz nehmen, vielfältig um abgeschiedene Seelen handeln müsse.

Warum aber will der Herr den Namen wissen? Will er nicht etwa eine friedliche, ja mitleidige Gesinnung damit zeigen, mindestens ein Interesse für ihn? So ist's wenigstens bei uns, wenn wir jemanden um seinen Namen fragen, dass wir denselben nicht als einen beliebigen, unbestimmten, gleichsam namenlosen Jemand nehmen wollen, und dass wir ihm auch einige Freundlichkeit zu erzeigen geneigt sind.

Man könnte fragen, ob denn Jesus den Namen des redenden Dämonen nicht von selbst gewusst habe. Das denn wohl schon; aber am Bekenntnis vonseiten des Dämonen muss dem Herrn gelegen gewesen sein, wenn er etwa, wie vielleicht doch möglich war, etwas, sei's was es wolle, zu seinen Gunsten im Sinne gehabt hatte. Auffallend ist freilich, dass der Dämon vor den Umstehenden seinen Namen angeben und damit sich zu erkennen geben sollte. Aber konnte das nicht auch noch weitere Bedeutung gehabt haben? Wir sehen, wievielerlei sich da denken lässt und wie viel zwischen den Zeilen gelesen werden kann, das freilich der mehr sieht, der einige Erfahrungen in diesem Gebiet gemacht hat. Der Geist hätte sich also nennen dürfen, tut's aber nicht und zeigt vielleicht damit einen noch gebundenen oder ungebrochenen Sinn, mit dem er sich weitergehende Berücksichtigung abgeschnitten hat. Diese hätte wohl gern der

Herr auch vor den Umstehenden gezeigt, die wohl merken durften, wie weit sein Erlösungsdrang gehe. Des Dämons Antwort lautete: ‚Legion; denn unser ist viel.'

Damit sagte er nichts Bestimmtes, aber freilich auch etwas, das noch mehr Mitleid Erregendes hatte, weil sich's um die Befreiung von vielen handelt. Wir sehen hiernach zugleich, was für eine geheimnisvolle, allerdings unbegreifliche, grauenvolle Sache es ist um solche Besessenheiten, wie hier eine war, wenn da Tausende gar eine Art Herberge oder Schutz in einem Menschen suchen oder unter der Gewalt der Finsternis stehen, die sie nötigt, auch Lebender Qual zu werden."

Einige Tage später wiederholte sich die scheinbare Besessenheit, wiewohl sich Blumhardt jetzt in kein Gespräch einließ. Bald war es, als führen in bestimmter Zahl Hunderte von Dämonen aus, wobei jedes Mal das Gesicht der Person sich veränderte und eine neue, drohende Miene gegen Blumhardt einnahm. Auch bekamen die Anwesenden, selbst der Schultheiß, manche Stöße und Faustschläge. Blumhardt – dem die Dämonen nichts tun zu dürfen behaupteten – nicht. Hier und da raufte sie sich die Haare, schlug sich die Brust, warf den Kopf an die Wand und suchte auf allerlei Weise sich zu verletzen, wurde jedoch mit einfachen Worten zur Ruhe gebracht.

Indessen war es, als ob die Szenen immer schrecklicher würden und als ob Blumhardts Einwirken die Sache nur verschlimmerte. „Was ich", sagte er, „im Geist und Gemüt damals ausgestanden habe, lässt sich mit keinen Worten beschreiben. Mein Drang, der Sache ein Ende zu machen, wurde immer größer, und obwohl ich jedes Mal befriedigt scheiden konnte, sofern ich fühlte, dass die dämonische Macht sich fügen müsse, und sofern die Person jedes Mal vollkommen recht war, so schien die finstere Macht sich immer wieder zu verstärken und mich zuletzt in ein grobes Labyrinth verstricken zu lassen, mir und meiner amtlichen Wirksamkeit zum Schaden und Verderben.

Alle Freunde rieten mir zurückzutreten. Aber ich musste mit Schrecken daran denken, was aus der Person werden könnte, wenn ich meine Hand von ihr abzöge, und wie sehr ich vor jedermann, wenn es übel erginge, als der Ursächer dastehen müsse. Ich fühlte mich in einem Netze, aus dem ich mich ohne Gefahr für mich und andere unmöglich durch bloßes *Abtreten* wieder herauswinden konnte. Zudem schämte ich mich vor mir und meinem Heiland, zu dem ich so viel betete, und dem ich so viel anvertraute, und der mir drunter hinein so viele Beweise seiner Hilfe gab – ich gestehe es offen –, dem Teufel nachzugehen. Wer ist der Herr?, musste ich mich oft fragen; und im Vertrauen auf den, der Herr ist, hieß es in mir immer wieder: Vorwärts! Es muss zu einem guten Ziele führen, wenn es auch in die tiefste Tiefe hinuntergeht, es sei denn, dass es nicht wahr wäre, dass Jesus der Schlange den Kopf zertreten habe."

Die Zustände, in denen es war, als führen Dämonen aus, steigerten sich. Zugleich traten aber andere unheimliche Erscheinungen ein, die sich sogar körperlich fühlbar machten. So fühlte sich Gottliebin in einer Nacht und im Schlaf von einer brennenden Hand am Hals gefasst, von der große Brandwunden zurückblieben. Bis die Tante, die im gleichen Zimmer schlief, das Licht anzündete, waren bereits gefüllte Blasen um den ganzen Hals herum ausgebrochen, und der Arzt, der am folgenden Morgen kam, konnte sich nicht genug darüber wundern.

Auch sonst bekam sie bei Tag und bei Nacht Stöße auf die Seite oder auf den Kopf, oder es fasste sie an den Füßen, dass sie plötzlich auf der Straße oder auf der Treppe oder wo es war niederstürzte, sodass sie Beulen oder andere Schäden davontrug. Endlich, am 25. Juni 1842, als Blumhardt nach Korntal zum Kinderfest musste, vernahm er bei seiner Rückkehr, sie sei nahezu wahnsinnig. Er besuchte sie erst am Morgen des folgenden Tages, nachdem er in der Reihe seiner täglichen Bibellektionen die merkwürdigen Worte im Buch Jesus Sirach, Kap. 2 nicht ohne Tränen und mir fast gebrochenem Herzen gelesen hatte: „Mein Kind, willst du Gottes Diener sein, so schicke dich zur Anfechtung! Halte fest und leide dich und wanke nicht, wenn man dich davon locket! Halte dich an Gott und weiche nicht, auf dass du immer stärker werdest; alles, was dir widerfährt, das leide, und sei geduldig in aller Trübsal! Denn gleich wie das Gold durchs Feuer, also werden die, so Gott gefallen, durchs Feuer der Trübsal bewähret. Vertraue Gott, so wird er dir aushelfen; richte deine Wege und hoffe auf ihn! Die, so ihr den Herrn fürchtet, vertrauet ihm, denn es wird euch nicht fehlen! Die, so ihr den Herrn fürchtet, hoffet des Besten von ihm, so wird euch Gnade und Trost allezeit widerfahren. Die, so ihr den Herrn fürchtet, harret seiner Gnade und weichet nicht, auf dass ihr nicht zugrunde geht!"

Mit diesen Worten gestärkt, ging er zu der Kranken, wo es bald gut zu gehen schien. Nachmittags aber nahmen die Ereignisse eine außerordentliche Gestalt an. Die Kranke wurde so angegriffen, dass sie wie tot dalag; es wiederholte sich nun jener Eindruck vom Ausfahren der Dämonen in einer Weise, die das bisher Erlebte weit hinter sich ließ und den Eindruck eines Sieges von ungeahnter Ausdehnung erweckte. Es kam denn nun auch mehrere Wochen so gut wie nichts mehr vor, und Gottliebin konnte gehen, wohin sie wollte. „Ich freute mich", sagt Blumhardt, „in dieser Zeit."

Diese Freude war ihm von Herzen zu gönnen. Er hatte wie ein Soldat treu auf seinem Posten gestanden, weder vermessen vorgehend, noch auch nur einen Schritt zurück, und hatte (Epheser 6,13) am bösen Tag Widerstand geleistet, alles wohl ausgerichtet und das Feld behalten. Sein Kämpfen erinnert ein wenig an das des kleinen David gegen den „schrecklichen" Goliath. „Jedermann in Israel, wenn er den Mann sah, floh vor ihm und fürchtete sich sehr" (1. Sam. 17,24).

So war es auch hier gewesen. Die besten Freunde meinten: „Nur mir solchen Sachen nichts zu tun haben! Da lässt sich nun einmal nichts machen."

In Blumhardts Augen hätte das geheißen, man darf die Vermutung, als gäbe es einen Heiland, doch nicht allzu straff spannen. Er handelte kühn, als gäbe es einen Heiland, dem alle Gewalt übergeben ist im Himmel und auf Erden. Er wagte etwas im Vertrauen darauf, dass Jesus Christus, der einst zur Ehre seines Vaters den finstern Mächten Einhalt gebot, auch heute noch derselbe sei. Er ging mutig vor, „auf dass alles Land innewerde, dass Israel einen Gott hat" (1. Sam. 17,46). Und sein Vertrauen wurde mit Hilfe aus der Höhe beantwortet. „Aber", so schrieb er mitten im heißesten Kampf am 9. Juli 1842 an Barth, „sooft ich den Namen Jesu schreibe, durchdringt mich ein heiliger Schauer, mit freudiger Inbrunst des Dankes, dieses ‚Jesum!' mein zu wissen. Was wir an ihm haben, weiß ich jetzt erst recht."

Vielleicht hat sich der Leser an dem vermeintlichen Schreibfehler: „dieses Jesum" gestoßen, in der Meinung, es sollte heißen: „diesen Jesum". Aber wir haben es hier schwerlich mit einem kaum erklärlichen Schreibfehler zu tun, sondern mit Blumhardts ängstlicher Genauigkeit in Glaubenssachen, die schon gelegentlich seiner dogmatischen Studien auf der Universität erwähnt wurde, oder einfacher: mit Blumhardts *Ehrfurcht.* Wahrscheinlich wollte ihm der Ausdruck „diesen Jesum" in die Feder fließen, als ihm aber das folgende „mein" in Sicht kam, stutzte er und gab rasch den Gedanken eine andere Wendung.

Der Ausdruck „mein Jesus" ist zwar unserer geistlichen Literatur in Poesie und Prosa sehr geläufig, aber im Neuen Testament findet er sich nirgends; eines der Beispiele dafür, wie sehr oft unsere bloß erbauliche Auffassung des Christentums von derjenigen der Heiligen Schrift abweicht. Blumhardt hätte sich offenbar nicht erlaubt, so von Jesus zu reden, dafür war ihm Jesus zu groß und er selbst zu klein. Es ist ein andres, wenn man von Gott sagt: mein Gott, mein Vater; mit beidem stellt man sich unter ihn oder gleichsam in ihn hinein, aber wenn man irgendeinen Mann mit Namen „mein" nennt, so erhebt man gleichsam einen Sonderanspruch, es liegt darin wie ein Gedanke an Privateigentum. Darum wohl schrieb Blumhardt – allerdings sehr prägnant – „dieses ‚Jesum!'"

„Dieses Recht, Jesum haben zu wollen und Jesum in Anspruch zu nehmen in aller Not – das ist mein", das wollte er sagen, und so ist gerade dieses auffallende „s" in seiner ängstlichen Bescheidenheit ein Ausdruck des „heiligen Schauers", der ihn erfüllte.

Blumhardts heißer, sehnlicher Wunsch, endlich einmal mit dieser misslichen Sache fertig zu sein, schien erfüllt. Aber es war nur Schein. Er hatte sich mit einem Feind eingelassen, der immer neue Scharen aus dem dunklen Hintergrund entsandte. Welle auf Welle kam: „Und will sie nimmer erschöpfen und leeren, als wollte das Meer noch ein Meer gebären."

„Nie hätte ich", sagte er, „geahnt, was nun weiter folgte."

Im August 1842 kam die Kranke blass und entstellt zu ihm, um ihm etwas zu klagen, was sie bisher aus Schüchternheit vor ihm verborgen habe, nun aber nicht länger verschweigen könne. Sie zögerte zunächst eine Weile, und er wurde ängstlich gespannt, bis sie endlich anfing, ihm von einem Leiden zu erzählen, das sie an jedem Mittwoch und Freitag befalle, und das mit so schmerzlichen und starken Blutungen verbunden sei, dass diese Plage, wenn sie nicht aufhöre, ihr Tod sein müsse. Ihre Schilderungen über andere mit diesem Leiden verbundene Erlebnisse entziehen sich jeder Mitteilung und waren derart, dass Blumhardt hier die allerschauerlichsten Fantasien des Volksaberglaubens teilweise verwirklicht sehen musste.

„Vorderhand", schreibt Blumhardt, „brauchte ich ordentlich Zeit, mich zu sammeln, um zu der traurigen Überzeugung zu kommen, dass die Finsternis so viele Macht über die Menschen solle bekommen haben.

Mein nächster Gedanke war: ‚Jetzt bist du fertig, jetzt geht's in die Zauberei und Hexerei hinein; und was willst du gegen diese machen?' Wenn ich aber das jammernde Mädchen ansah, so schauderte mich's vor der Möglichkeit der Existenz jener Finsternis und vor der Unmöglichkeit der Hilfe. Es fiel mir ein, dass es Leute gebe, denen man geheimnisvolle Künste zur Abwehr von allerlei dämonischen Übeln zuschrieb und sympathetische Mittel, welchen immer unbedingt Hohe und Niedere huldigen. Sollte ich etwa nach dergleichen Dingen mich sehen? Das hieße, wie ich längst überzeugt war: Teufel mit Teufel vertreiben.

Ich erinnerte mich alsbald an eine Warnung, die ich schon einmal bekommen hatte, da ich damit umging, etwa den Namen Jesu an die Türe der Wohnung der Kranken zu heften oder sonst etwas zu versuchen, weil eben guter Rat oft schwer zu finden war. Unter solchen Gedanken las ich morgens die Losung der Brüdergemeine jenes

Tages, welche lautet: ‚Seid ihr so unverständig? Im Geist habt ihr angefangen, wollt ihr's denn nun im Fleisch vollenden?'

Ich verstand den Wink, und Gott sei gepriesen, der mich geleitet hat, stets bei den lauteren Waffen des Gebets und Wortes Gottes zu bleiben! Soll, durchfuhr es mich, gläubiges Gebet nicht auch wider obige Satansmacht, worin sie nun bestehen möge, etwas auszurichten vermögen? Was sollen denn wir armen Menschlein machen, wenn hier nicht direkte Hilfe von oben zu erflehen ist? Ist Satan hier im Spiel, ist's recht, es dabei zu belassen? Und kann das nicht durch den Glauben an den wahrhaftigen Gott niedergetreten werden? Wenn Jesus gekommen ist, die Werke des Teufels zu zerstören, soll solches nicht hier vornehmlich festgehalten werden? Gibt's eine Zauberei und Hexerei, ist's nicht Sünde, sie unangetastet ihr Spiel treiben zu lassen, wenn eine Gelegenheit sich zeigt, ihr mit Ernst die Spitze zu bieten?

Mit solcherlei Gedanken arbeitete ich mich in den Glauben an die Kraft des Gebetes auch in dieser Sache, bei welcher kein anderer Rat sonst übrig war, hinein, und ich rief der Kranken zu: ‚Wir beten, sei's, was es wolle, wir probieren's; wir verspielen wenigstens nichts mit dem Gebet; und auf Gebet und Gebetserhörung weist uns die Schrift fast auf jeder Seite; der Herr wird tun, was er verheißt!' So entließ ich sie mit der Versicherung, ihrer gedenken zu wollen, und mit der Weisung, mir wieder Bericht zu bringen."

Der gefürchtete Freitag war schon der folgende Tag; es war ein Tag, an dem nach mehrmonatiger Dürre gegen Abend das erste Gewitter am Himmel erschien, für Blumhardt ein unvergesslicher Tag. Neben anderem Schauerlichen, das sich einstellte, war Gottliebin besonders von einer wahren Wut befallen, sich das Leben zu nehmen. Sie fuhr rasend durch beide Stuben und begehrte wild ein Messer, das ihr natürlich die Geschwister nicht in die Hände kommen ließen. Dann lief sie auf den Boden, sprang auf das Gesims des Fensterladens hinauf und stand bereits außen in freier Luft, nur noch mit einer Hand nach innen sich haltend, als der erste Blitzstrahl des nahenden Gewitters ihr ins Auge fiel, sie aufschreckte und weckte. Sie kam zur Besinnung und rief: „Um Gottes willen, das will ich nicht!"

Der lichte Augenblick verschwand, und im wiederkehrenden Delirium erfasste sie einen Strick und band ihn geschickt um das Gebälk der Bühne mit einer Schleife, die sich leicht zusammenzog. Schon hatte sie den Kopf beinahe ganz in die Schleife hineingezwängt, als ein zweiter Blitzstrahl durch das Fenster ihr Auge traf, der sie wie vorher wieder zur Besinnung brachte. Ein Tränenstrom floss ihr am folgenden Morgen von den Augen, als sie den Strick an dem Balken erblickte, den sie bei der besten Besinnung so gekonnt zu knüpfen nicht imstande gewesen wäre.

Am selben Abend wurde Blumhardt gerufen und fand sie in ihrem Blut schwimmend. Ihre sonstigen furchtbaren Bedrängnisse seien übergangen. Blumhardt fing an, mit Ernst zu beten, nachdem er ohne viel Erfolg einige Trostworte gesprochen hatte, während draußen der Donner rollte. Das wirkte nach einer Viertelstunde so entscheidend, dass alles weg war. Bald kam sie ganz zu sich, und Blumhardt entfernte sich auf einige Augenblicke, bis sie ganz umgekleidet war. „Es war unter uns", fährt er fort, „nur *ein* Loben und Danken, als wir sie wieder völlig verändert auf dem Bette sitzend antrafen. Die Plage war für immer verschwunden."

Die Schreckensszene jener Nacht hat übrigens noch einen denkwürdigen Anhang. Blumhardt berichtet: „Die Kranke bekam unvermutet einen neuen Anfall, gerade wie sonst, wenn Dämonisches über sie fiel, und nach allerlei Zwischenfällen brach plötzlich mit ganzer Stärke der Zorn und der Unmut der Dämonen los, und es wurden eine Menge Äußerungen folgender Art vernommen, meist mit heulender und wehklagender Stimme: ‚Jetzt ist alles verspielt, jetzt ist alles verraten, du verstörst uns ganz, der ganze Bund geht auseinander, alles ist aus, alles kommt in Verwirrung, du bist schuld daran mit deinem ewigen Beten, du vertreibst uns doch noch. Wehe, wehe, alles ist verspielt. Unser sind 1067, und derer, die noch leben, sind auch viele, aber die sollte man warnen, o weh' ihnen, weh', sie sind alle verloren! Gott verschworen, ewig verloren!'

Das Gebrüll der Dämonen, die zuckenden Blitze, die rollenden Donner, das Plätschern der Regengüsse, der Ernst der Anwesenden, die Gebete von meiner Seite, auf welche die Dämonen in oben beschriebener Weise ausfuhren – das alles bildete eine Szene, die sich kaum wird jemand auf eine der Wirklichkeit entsprechende Weise vorstellen können. Wenn übrigens die Dämonen unter anderem äußerten: ‚Niemand hätte uns vertrieben, nur du mit deinem ewigen Beten und Anhalten setzest es durch', war das nicht unerklärlich, denn nicht so leicht würde sich einer so hingegeben haben wie ich, und sicherlich die am wenigsten, die, indem ich ehrlich genug bin, auch solche Äußerungen niederzuschreiben, mich einer hochmütigen Selbsterhebung zeihen wollen." Vgl. 1. Sam. 17,28: „Ich kenne deine Vermessenheit wohl."

Blieb auch die Plage nun völlig aus, so traten doch bald immer wieder andere Erscheinungen dämonischer Art auf. Ein Freund, dem Blumhardt seine Not klagte, Seminardirektor Stern in Karlsruhe, machte ihn auf das Wort des Herrn aufmerksam: „Diese Art fährt nicht aus denn durch Beten und Fasten."

Weiteres Nachdenken brachte Blumhardt darauf, dem Fasten mehr Bedeutung einzuräumen, als man gewöhnlich tut.

„Sofern dasselbe ein tatsächlicher Beweis vor Gott ist", schreibt er, „dass der Gegenstand des Gebets dem Beter ein wahres und dringendes Anliegen sei, und sofern es die Intension und Kraft des Gebets in hohem Grade verstärkt, ja ein fortgesetztes Gebet auch ohne Worte repräsentiert, konnte ich glauben, dass es nicht ohne Wirkung sein werde, besonders da für den Fall, in dem ich stand, ein besonderes Wort des Herrn vorlag. Ich versuchte es, ohne jemandem etwas davon zu sagen, und in der Tat wurden mir dadurch die nachfolgenden Kämpfe außerordentlich erleichtert; ich konnte viel ruhiger, bestimmter und fester reden, hatte auch nicht mehr nötig, so lange Zeit zu verweilen, ja ich fühlte, dass ich, ohne da zu sein, wesentlich einwirken konnte. Und wenn ich kam, gewahrte ich oft in wenigen Augenblicken bedeutende Resultate."

Von dem, was Blumhardt noch weiter über die dämonischen Erscheinungen erzählt, sei nur noch Einzelnes wiedergegeben, das keine

Beziehung zur Religion und Sittlichkeit hat. So habe sich zwischen den Dämonen ein Unterschied gezeigt. Die einen trotzig, voll Hass gegen Blumhardt, sprachen oft Worte aus, die wert gewesen wären, aufgezeichnet zu werden. Sie hatten ein Grauen vor dem Abgrund, dem sie jetzt sich nahe fühlten, und sagten unter anderem: „Du bist unser ärgster Feind, wir sind aber auch deine Feinde; dürften wir nur, wie wir wollen, o wenn doch nur kein Gott im Himmel wäre!"

Daneben schrieben sie doch alle Schuld ihres Verderbens sich selbst zu. Schauerlich war das Benehmen eines Dämonen, der früher im Hause der Gottliebin von ihr gesehen worden war und jetzt als Meineidiger sich zu erkennen gab. Er rief zu wiederholten Malen die Worte aus, die an dem Fensterladen jenes Hauses gemalt stehen:

„O Mensch, bedenk die Ewigkeit!
Versäume nicht die Gnadenzeit!
Denn das Gericht ist nicht mehr weit."

Dann verstummte er, verzog das Gesicht, hob starr drei Finger – es sind wohl Gesicht und Finger der Kranken gemeint – in die Höhe, schauderte plötzlich zusammen und stöhnte: „Hm!"

Derartige Szenen, denen er gern mehr Zuschauer gegönnt hätte, kamen viele vor. Die meisten Dämonen indessen, die sich von August 1842 bis Februar 1843 und später kundgaben, gehörten zu denen, die mit heißester Begierde nach Befreiung aus den Banden des Satans schmachteten. Es kamen dabei auch die verschiedensten Sprachen mit dem sonderbarsten Ausdruck vor, meist dass er sie mit keinen europäischen Sprachen vergleichen konnte. Aber sicher war auch dem Klang nach Italienisches und Französisches, das er selbst verstand, dabei.

Sonderbar und mitunter komisch anzuhören waren in einzelnen Fällen die Versuche solcher Dämonen, deutsch zu reden, besonders auch, wenn sie Begriffe, deren deutschen Ausdruck sie nicht zu wissen schienen, umschrieben. Dazwischen hinein ließen sich Worte vernehmen, die Blumhardt keiner von beiden Arten Dämonen zuschreiben konnte. Denn sie klangen als aus einer höheren Region stammend. Dahin gehört die über die Maßen häufige Anführung der Worte Hab. 2,3.4: „Die Weissagung wird ja wohl erfüllt werden zu seiner Zeit und wird endlich frei an den Tag kommen und nicht ausbleiben. Wenn sie sich auch hinzieht, so harre ihrer; sie wird gewisslich kommen und nicht ausbleiben. Siehe, wer halsstarrig ist, der wird keine Ruhe in seinem Herzen haben, denn der Gerechte wird durch seinen Glauben leben."

Dann war's wieder, als ob dieselbe höhere Stimme sich zu den Dämonen wenden wollte, indem sie eine Stelle, die er lange nicht finden konnte, bis er sie in Jer. 3,25 erkannte, ausrief (statt der ersten Person „wir" wurde die zweite gebraucht): „Darauf ihr euch verließet, das ist euch jetzt eitel Schande, und des ihr euch tröstetet, des müsst ihr euch jetzt schämen. Denn ihr sündiget damit wider den Herrn, euern Gott, beide, ihr und eure Väter, von eurer Jugend auf, auch bis auf diesen heutigen Tag, und gehorcht nicht der Stimme des Herrn, eures Gottes."

„Diese und andere Bibelstellen", sagt Blumhardt, „begriff ich lange nicht; doch lernte ich allem mehr Aufmerksamkeit und Bedeutung schenken. Bei solchen Äußerungen, die bisweilen am Ende eines Kampfes vorkamen, war es mir zu Mute, als ob mir Stärkung und Trost von oben damit geboten wäre, wie ich denn auch nicht ohne den gerührtesten Dank auf die vielen Bewahrungen und Rettungen zurückblicken kann, die ich erfahren durfte."

Einiges aus Blumhardts Verhalten gegen die nach Befreiung schmachtenden Dämonen sei noch mitgeteilt.

„Ich gab lange Zeit ihren Reden kein Gehör und kam oft in großes Gedränge, wenn ich den schmerzvollen Ausdruck im Gesicht, die flehentlich emporgehobenen Hände und den heftigen Tränenstrom, der aus den Augen floss, sah und dabei Töne und Seufzen der Angst, Verzweiflung und Bitte hörte, die einen Stein hätten erweichen sollen. So sehr ich daher mich sträubte, auf irgendeine Erlösungsmanier einzugehen, weil ich bei allem, was vorkam, immer zuerst an einen etwaigen gefährlichen und verderblichen Betrug des Teufels dachte und für die Nüchternheit meines evangelischen Glaubens fürchtete, so konnte ich zuletzt doch nicht umhin, eine Probe zu machen, besonders, da gerade diese Dämonen, die einige Hoffnung für sich zu haben schienen, weder durch Drohungen noch durch Anmahnungen sich zum Weichen bringen ließen.

Der erste Dämon, bei welchem ich es, soviel ich mich erinnere, wagte, war jenes Weib, durch welches die ganze Sache angeregt schien. Sie zeigte sich wieder in der Gottliebin und rief fest und entschieden, sie wolle des Heilands und nicht des Teufels sein. Dann sagte sie, wie viel durch die bisherigen Kämpfe in der Geisterwelt verändert worden sei. Mein Glück aber sei das gewesen, dass ich ganz allein beim Worte Gottes und dem Gebet geblieben sei. Wenn ich etwas anderes als das versucht und etwa zu geheimnisvoll wirkenden Mitteln meine Zuflucht genommen hätte, wie sie vielfältig unter den Leuten üblich seien, und auf welche es die Dämonen bei mir angelegt hätten, so wäre ich verloren gewesen. Das sagte sie mit bedeutungsvoll aufgehobenem Finger und mit den Worten schließend: ‚Das war ein fürchterlicher Kampf, den Sie unternommen haben!‘

Dann flehte sie dringend, ich möchte für sie beten, dass sie vollends ganz aus des Teufels Gewalt befreit werde, in die sie fast unwissend durch getriebene Abgötterei, Sympathie und Zauberei gefallen sei, und dass sie irgendwo einen Ruheort erhalte.

Ich hatte das Weib im Leben gut gekannt, und sie zeigte eine Begierde zum Worte Gottes und nach Trost, wie ich sonst nicht leicht wahrgenommen hatte. Nun wollte mir doch das Herz um sie brechen, und mit innerlichem Aufblick zu dem Herrn fragte ich sie: ‚Wo willst du denn hin?‘

‚Ich möchte in Ihrem Hause bleiben‘, antwortete sie.

Ich erschrak und sagte: ‚Das kann unmöglich sein.‘

‚Darf ich denn nicht in die Kirche gehen?‘, fuhr sie fort.

Ich besann mich und sagte: ‚Wenn du mir's versprichst, dass du niemanden stören und nie dich sichtbar machen willst, und unter der Voraussetzung, dass es Jesus dir erlaubt, habe ich nichts dagegen.‘

Es war ein Wagnis von mir, doch vertraute ich dem Herrn, er werde alles recht machen, da ich mich vor ihm auch keiner Vermessenheit schuldig fühlte. Sie gab sich zufrieden, nannte noch den äußersten

Winkel, dahin sie sich begeben wolle, und fuhr sodann freiwillig und leicht aus nach dem Anschein. Von alledem wurde der Kranken nichts gesagt; doch sah sie das Weib zu ihrem großen Schrecken an der bezeichneten Stelle in der Kirche. Außer ihr aber gewahrte niemand etwas davon, und auch in der Kirche hörte später die Erscheinung ganz auf, wie überhaupt durch die nachfolgenden Kämpfe sich alles immer wieder veränderte. Auf gleiche Weise suchten auch andere Geister, die durch Abgötterei und Zauberei noch Gebundene des Teufels zu sein vorgaben, während sie sonst Liebe zum Heiland hatten, Befreiung und Sicherheit. Nur mit äußerster Behutsamkeit und angelegentlichen Bitten zu dem Herrn ließ ich mich in das Unabweisbare ein. Mein Hauptwort war immer: ‚Wenn Jesus es erlaubt!'

Es zeigte sich auch, dass eine göttliche Leitung darunter waltete. Denn nicht alle erlangten, was sie baten, und manche mussten, auf die freie Barmherzigkeit Gottes sich verlassend, fortgehen. Ich möchte diesen subtilen Punkt nicht weiter ausführen und bemerke nur, dass keinerlei Unruhe vorgekommen ist, während die Kranke stets wieder erleichtert wurde. Solche Geister, denen ein vorübergehender Ruheort gegeben wird, dürfen auch mit den eigentlichen Spukgeistern nicht verwechselt werden. Die Letztern erscheinen immer als unter dem Gericht und unter der Gewalt des Satans, von welcher jene befreit waren. Manche Bemerkungen, die ich nach den gemachten Erfahrungen mitteilen könnte, halte ich umso lieber zurück, da sie nur Anstoß erregen könnten, während sie sonst, als nicht in der Bibel begründet, keine weitere Aufmerksamkeit verdienen. Nur einen sehr interessanten Fall kann ich nicht übergehen. Einer der Geister bat gleichfalls darum, in die Kirche gelassen zu werden. Ich sagte mein Gewöhnliches: ‚Wenn es Jesus erlaubt!'

Nach einer Weile brach er in ein verzweifeltes Weinen aus und rief oder hörte rufen: ‚Gott ist ein Richter der Witwen und Waisen!' mit dem Bemerken, es werde ihm nicht gestattet, in die Kirche zu gehen.

Ich sagte: ‚Du siehst, dass der Herr es ist, der dir den Weg zeigt, und dass es also nicht auf mich ankommt. Geh hin, wo der Herr dich hingehen heißt!'

Dann fuhr er fort: ‚Dürfte ich nicht in Ihr Haus gehen?'

Diese Bitte überraschte mich, und an Frau und Kinder denkend, wollte ich nicht geneigt sein zu willfahren. Allein ich bedachte mich, ob es nicht eine Versuchung für mich sein sollte, zu zeigen, dass ich mir alle Aufopferung gefallen lassen könne, und sagte daher endlich: ‚Nun denn, wenn du niemand beunruhigst und Jesus es dir erlaubt, so mag es geschehen.'

Plötzlich hörte ich wieder etwas, wie von höherer Stimme, aus dem Munde der Kranken, das rief: ‚Nicht unter Dach! Gott ist ein Richter der Witwen und Waisen!'

Der Geist fing wieder nach dem Ansehen an zu weinen und bat, wenigstens in meinen Garten gehen zu dürfen, was ihm jetzt gestattet zu werden schien. Es war, als ob einst durch seine Schuld Waisen um ihr Obdach gekommen waren."

Blumhardt verwahrt sich bei diesen vielen Erlebnissen und seinem Verhalten ihnen gegenüber gegen zweierlei. Erstens dagegen, als ob durch diese Erlebnisse der Wahn von dem Bestehen eines so genannten Fegfeuers eine Stütze erhielte, zweitens gegen die Bezichtigung, als ob er sich hier mit Geisterbekehrungen abgegeben hätte, zwei Irrtümer, die miteinander im Zusammenhang stehen. Wie furchtbar trügerisch der Wahn sei, als ob der jenseitigen Qual eine reinigende Kraft innewohne, trat ja hier zutage, da er gerade in schauerlicher Klarheit den so willenlosen Zustand dieser Verlorenen und ihre völlige Unterworfenheit unter die Tyrannei der Finsternis erkennen musste, weswegen auch von einer Bekehrung nicht die Rede war.

Blumhardt lernte gerade in diesen Kämpfen zuerst den unauflöslichen Zusammenhang der Verlorenen untereinander und mit der Mitwelt auf eine so entsetzliche Weise kennen und begann ebenso zu verstehen, warum diese ganze Masse der Verlorenen bewusst oder unbewusst ängstlich auf den Sieg der Kinder Gottes harrt. Wie sehr verstand er nun das Wort des Psalms 110, das im Neuen Testament so oft auf Jesus Christus angewendet wird: „Setze dich zu meiner Rechten, bis ich deine Feinde zum Schemel deiner Füße lege!"

Jesus hat durch seinen Opfertod die Rechte und die Macht erworben zu unserer Erlösung und zu unserer Befreiung von diesen Feinden und sagt uns: „Was ihr bitten werdet in meinem Namen, das will ich tun."

Blumhardt musste in solchen Kämpfen erkennen, dass im gegenwärtigen Stand des Reiches Gottes die Machtfrage die brennendste sei, wer die Macht haben solle, die Finsternis oder der Heiland, und dass in diesem Kampf der Herr siegen will durch den Glauben seiner Kirche, sowie, dass ein Kommen des Herrn nur durch solches fortwährendes Siegen vorbereitet werde. „Freilich", sagt er in seiner Verteidigungsschrift, „es träumen viele hiervon so, es werde einmal der Herr nur so geschwind, mir nichts, dir nichts kommen und den Teufel totschlagen, wie jener Heide sich wunderte, dass er's nicht schon längst getan hätte, ohne dass die Gläubigen sich hierum viel zu bekümmern hätten."

Über dieses Reich der Finsternis und seine Einflüsse auf die Menschen pflegt man freilich sonst ein anderes Verfahren zu beobachten.

Man hütet sich, daran zu denken, oder hält es wohl gar für erste Pflicht der Aufgeklärtheit, es zu leugnen, und stellt lieber auch gegenüber sonst unerklärlichen Tatsachen das Getriebe des Verstandes still, um ja nicht zu Schlüssen gelangen zu müssen, die vom modernen Denken mit dem Bannfluch belegt sind. Es liegt darin viel Gesundes, und Blumhardt selbst war wohl gerade auch deshalb befähigt, diese Kämpfe zu bestehen, weil er ganz besonders stark von solcher gesunden Scheu vor allem vorwitzigen Grübeln oder Spielen mit diesem Gebiet beherrscht war; aber andererseits fand er es denn doch auch da, wo Tatsachen sich aufdrängen, kindisch, sein Denken in solche Fesseln zu legen, namentlich wo ihm als Diener des Evangeliums die Pflicht zu handeln nahe lag.

Will man die Einblicke in des Feindes Lager, die ihm da zuteil wurden, in wenig Worten zusammenfassen, so gibt es kein besseres als das Wort Luthers: „ Groß Macht und viel List sein grausam Rüstung ist!"

Dass es bei Strafe höchster Schmach verpönt ist, nur von einem Dasein Satans zu reden, ist nicht seine kleinste List. Einer List kam aber Blumhardt immer mehr auf die Spur, und er wurde darüber unfreiwillig vielfach zum Märtyrer der Zauberei. Es ist ja gar nicht übel, alle in dieses Gebiet einschlagenden Erscheinungen einfach als Torheit zu belächeln, aber fatal ist es, dass dann vielfach wieder in allerlei Not zu abergläubischen Mitteln, als wären es harmlose Dinge, die Zuflucht genommen wird. Ich gebe hierüber Blumhardt das Wort, wo er zugleich gegen den Vorwurf sich verteidigt, als hätte er sich mit Geisterbekehrungen abgegeben:

„Von Bekehrungen war überall nirgends bei mir die Rede, sondern von einer Befreiung sonst gläubig, ja recht gläubig gewesener Seelen, die unbewusst um getriebener Zaubereisünden willen, die sie in ihrem Leben nicht dafür erkannten, obwohl ein inneres Gefühl sie davor gewarnt hatte, im Bann und unter einer gewissen Gewalt des Teufels geblieben waren. Sie bedürfen also keiner Bekehrung – denn auch mit jenen Sünden hatten sie sich nicht von Gott abkehren wollen –, sondern nur einer Befreiung; und diese Befreiung konnten sie nur damit finden, dass im Glauben an das Blut Jesu Christi irgendwie auf Erden gegen die Macht der Zauberei gekämpft würde.

Das eben, dass von keiner Seite her eine Stimme, eine ernstliche, tatkräftige Stimme gegen den Heidengräuel sich erhob, machte, dass jedermann sicher war, und oft waren's gerade redliche Seelen, welche elende und kranke Personen zum Gebrauch solcher Geheimmittel noch aufmunterten und diese unbegreiflicherweise entweder darum, weil man dazu bete unter Anrufung der höchsten Namen, für etwas Rechtes hielten oder mindestens darum für etwas Gleichgültiges, weil es etwas sei, dahinter nichts als unbekannte Gesetze der Natur steckten.

So haben sich die Elenden und mit Plagen Heimgesuchten zu jedem Dienst hergegeben und sind selber vor dem Grausesten nicht zurückgebebt, haben Zauberzettel bei sich herumgetragen, darauf unter anderem stand: ‚In der Hölle sehen wir uns wieder', ohne zu wissen, was sie trugen, jedenfalls Zettel mit allerlei abergläubischen Figuren und Buchstaben, auch so genannten Hexenfüßen, wobei noch dazu heilige Geschichten und Worte lästerlich missbraucht wurden, und haben solches auf bloßem Leibe Tag und Nacht getragen oder in Ställe, Bäume, Türpfosten, Bettladen zu unheimlicher

Stunde eingegraben, haben sich auch nicht gescheut, die Ruhestätten der Toten bei Nacht zu durchwühlen, um mit gefundenen Beinen Gräuel zu treiben. Doch was soll ich da das alles nennen, was in dicken Büchern nicht erschöpft werden könnte und in feinerer, bisweilen fast unmerklicher Art selbst alle Stände durchläuft?

Aber die Folge davon war ein Bann, der oft trotz allem Glauben an das Verdienst Jesu auf den Armen liegen blieb, weil die Sünde selbst von ihnen nicht erkannt war, während sie's hätten erkennen können, wenn sie hätten aufmerken wollen. So gibt es noch manche andere Sünden, die auch gläubige Christen ohne alle Scheu, obwohl zuzeiten mit innerer Zurückhaltung, tun, und darüber sie nie zur Erkenntnis kommen, sie aber auch niemand zur Erkenntnis führt. Da gibt's dann einen Aufenthalt nach dem Tode bei vielen; denn Christus ist kein Sündendiener. Es bleiben satanische Verstrickungen übrig, die gelöst werden müssen, irgendwie, da der Rat Gottes doch nicht der sein kann, solche bisweilen in mancher Beziehung unschuldig und redlich zu nennende Seelen nun ohne weiteres im Bann zu lassen und in ewige Verdammnis zu stürzen. Kein Bann auf der Christenheit lag aber so schwer wie der der mehrfällig erwähnten Zauberei, an den niemand denkt und denken will.

Mir aber ist nun Gelegenheit geworden, diesen Bann zu erkennen und dagegen zu wirken; und glauben kann ich's, dass durch einen Kampf, wie ich ihn gehabt habe, für viele auch in jener Welt eine Befreiung möglich ist, die sie freilich noch lebend schon damit gefunden hätten, weil sie, was fehlte, erkannt und im Blute Christi sich gereinigt hätten. Hierzu aber, und das ist mir das Wichtigste, ist mir jetzt eine Stimme gegeben; und mein Eifer als Diener des Evangeliums bleibt darauf gerichtet, dafür Sorge zu tragen, dass, wer glaubt, einen lauteren und keuschen Glauben habe und behalte bis ans Ende."

In Blumhardts Kämpfen war wieder einmal ein friedlicher, sieghafter Abschluss eingetreten, der den meisten der oben erwähnten seltsamen Erscheinungen für immer ein Ende machte. Es war wie ein feierlicher Gerichtsakt über die Geister, unter denen die Kranke gelitten.

Es folgte nun diejenige Erscheinung, welche in der ganzen Krankheitsgeschichte die allerunbegreiflichste war. Blumhardt leitet den Bericht über sie damit ein: „Ich bleibe bei meiner Ehrlichkeit und fahre fort mitzuteilen, was mir immer noch in Erinnerung ist; überzeugt, der Herr werde auch bei dieser Darstellung seine Hand über mir haben; Ihm, dem Sieger über alle finstren Kräfte, zur Ehre alles zu erzählen, ist auch meine einzige Absicht. Ich kann es wahrlich niemandem übel nehmen, der misstrauisch gegen obige Mitteilungen wird; denn es geht zu sehr über alles Denken und Begreifen. Aber die fast ein ganzes Jahr hindurch fortgesetzten Beobachtungen und Erfahrungen, bei welchen ich immer mehrere Augenzeugen hatte, worauf ich, schon um übeln Gerüchten vorzubeugen, strenge hielt, lassen mich kühn und frei die Sachen erzählen, indem ich völlig versichert bin, was ich schon vermöge des Charakters der Gottliebin sein musste, dass nicht der geringste Betrug obwaltete noch obwalten konnte."

Die Erlebnisse, die Blumhardt hierauf erzählt, hatten für ihn einen hohen Wert, weil er da in einer sogar seine bisherigen Erfahrungen überbietenden Weise das hilfreiche Eingreifen der Schöpferhand Gottes erfuhr. Solchen Wert hatten sie für ihn, der diese Dinge unmittelbar und *unfreiwillig* erlebte. Fernstehenden könnten aber die schauerlichen und qualvollen Kunststücke der Finsternis, die da zutage traten – um des sichtlichen Behagens willen, das einmal unsere Fantasie insgeheim an solchen Sachen empfindet –, den Eindruck großer göttlicher Hilfe überragen und beeinträchtigen, sodass wir diesen Teil des Berichts Blumhardts überschlagen dürfen. „ Endlich", erzählt er, „als diese Erscheinung unerschöpflich zu werden drohte, da raffte ich all mein Inneres zusammen und flehte zu Gott, Er möge, da Er die Kraft sei, die alles aus nichts gemacht habe, nun diese Gegenstände in nichts verwandeln, dass die Kunst des Teufels gänzlich zunichte werde. Dieser Art war mein Kämpfen mehrere Tage lang, und der Herr, der verheißen hat: ‚Alles, was ihr in meinem Namen bitten werdet, das will ich euch geben', hat das Wort gehalten; es gelang."

Aber auch diesem vermeintlichen Ende folgten nun noch einmal entsetzliche Krankheitserscheinungen bei der Gottliebin, die absichtlich auf ihren Tod zu zielen schienen. Als sie einmal sich selbst in unglaublich furchtbarer Weise verwundet hatte und die Wunden, nachdem sie ebenso wunderbar geheilt waren, plötzlich wieder aufbrachen und eine Freundin in größter Bestürzung zu Blumhardt eilte mit der Meldung, jede Minute Verzug sei gefährlich, „da“, erzählte er, „stürzte ich, ganz übernommen, in meinem Zimmer auf die Knie nieder und redete kühne Worte. Diesmal wollte ich, so stark war ich geworden, im Augenblick dem Teufel nicht einmal die Ehre antun hinzugehen, sondern ließ durch die Freundin sagen: Gottliebin solle sich aufmachen und zu mir kommen, sie könne es im Glauben. Es stand nicht lange an, so kam sie die Treppe hinauf. Wie es aber mir dabei wurde, kann mir niemand nachfühlen.“

Den ersehnten Schluss der Geschichte, der in den Weihnachtsfeiertagen 1843 erfolgte, lassen wir Blumhardt wieder selbst erzählen:

„Es schien sich alles, was nur je früher vorgekommen war, noch einmal zusammenzudrängen. Das Misslichste war, dass sich in diesen Tagen die finsteren Einwirkungen auch auf den halb blinden Bruder und eine andere Schwester Katharina ausdehnten und ich also mit dreien zumal den verzweifelten Kampf durchzumachen hatte, wobei deutlich der innere Zusammenhang zwischen diesen dreien zu erkennen war. Den Verlauf des Einzelnen kann ich nicht mehr genau erzählen; es war viel zu mannigfaltig, als dass ich es hätte im Gedächtnis behalten können; aber Tage waren es, wie ich keine mehr zu erleben hoffe; denn es war so weit gekommen, dass ich sozusagen alles aufs Spiel zu setzen wagen musste, wie wenn es hieße: ‚Siegen oder sterben!‘

So groß übrigens auch meine Anstrengung war, so fühlbar war mir ein göttlicher Schutz, indem ich nicht die geringste Ermüdung und Angegriffenheit fühlte, selbst nicht nach vierzigstündigem Wachen, Fasten und Ringen. Der Bruder war am schnellsten wieder frei, und zwar so, dass er sogleich tätige Hilfe im Nachfolgenden leisten konnte.

Die Hauptsache kam aber diesmal nicht an Gottliebin, welche im letzten Akt nach vorausgegangenen Kämpfen gleichfalls völlig frei zu sein schien, sondern an ihre Schwester Katharina, welche früher nicht das Mindeste dieser Art erfahren hatte, nun aber so rasend wurde, dass sie nur mit Mühe festgehalten werden konnte. Sie drohte mich in tausend Stücke zu zerreißen, und ich durfte es nicht wagen, ihr zu nahe zu treten; sie machte unaufhörliche Versuche, mit eigener Hand, wie sie sagte, sich den Leib aufzureißen, oder lauerte listig umher, als wollte sie irgendetwas Grässliches an denen, die sie hielten, verüben; dabei rasselte und plärrte sie so fürchterlich, dass man Tausende von Lästermäulern in ihr vereinigt sich denken konnte.

Am auffallendsten war, dass sie ganz bei Besinnung blieb, indem man mit ihr reden konnte, sie auch bei scharfen Ermahnungen sagte, sie könne nicht anders reden und handeln, man möchte sie nur recht festhalten, dass nichts durch sie geschehe.

Auch nachher hatte sie noch von allem, selbst von den grässlichsten Mordversuchen, bestimmte Erinnerungen, und diese wirkten so niederschlagend auf sie, dass ich mich mehrere Tage ihrer besonders annehmen musste, bis nach fleißigem und ernstlichen Beten ihr die Erinnerungen allmählich schwanden. Daneben ließ sich dennoch der Dämon aus ihr ebenso bestimmt vernehmen, der sich diesmal nicht als ein abgeschiedener Menschengeist, sondern als ein vornehmer Satansengel ausgab, als das oberste Haupt aller Zauberei. Er behauptete, dass damit, dass er in den Abgrund fahren müsse, der Zauberei der Todesstoß gegeben werde, an dem sie allmählich verbluten müsse.

Plötzlich, gegen 12 Uhr um Mitternacht, dröhnte aus der Kehle des Mädchens zu mehreren Malen, ja wohl eine Viertelstunde andauernd, nur ein Schrei der Verzweiflung mit einer erschütternden Stärke, als müsste das Haus zusammenstürzen. Grausenerregenderes lässt sich nicht denken, und es konnte nicht fehlen, dass fast die Hälfte der Bewohner des Ortes, nicht ohne besonderen Schrecken, Kenntnis von dem Kampf bekam. Dabei befiel die Katharina ein so starkes Zittern, dass es war, als wollten sich alle Glieder voneinander abschütteln. Unter Äußerungen von Angst und Verzweiflung mischten sich in der dämonischen Stimme ein riesenhafter Trotz, eine Herausforderung an Gott, ein Zeichen zu tun, damit er nicht so gemein wie andere Sünder seine Rolle niederlegen, sondern gewissermaßen unter Ehren in die Hölle fahren müsse. Solch schauerlich Gemisch von Verzweiflung, Bosheit, Trotz und Hochmut ist wohl schwerlich je irgendwo erblickt worden.

Endlich kam der ergreifendste Augenblick, welchen unmöglich jemand genügend sich vorstellen kann, der nicht Augen- und Ohrenzeuge war. Um 2 Uhr morgens brüllte der angebliche Satansengel, wobei das Mädchen den Kopf und Oberleib weit über die Lehne des Stuhls zurückzog, mit einer Stimme, die man kaum bei einer menschlichen Kehle für möglich halten sollte, die Worte heraus: ‚Jesus ist Sieger! Jesus ist Sieger!'

Worte, die, so weit sie ertönten, auch verstanden wurden und auf viele Personen einen unauslöschlichen Eindruck machten. Nun schien die Macht und Kraft des Dämons mit jedem Augenblick mehr gebrochen zu werden. Er wurde immer stiller und ruhiger, konnte immer weniger Bewegungen machen und verschwand zuletzt ganz unmerklich, wie das Lebenslicht eines Sterbenden erlischt, jedoch erst gegen 8 Uhr morgens."

Blumhardt berichtet weiter: „Das war der Zeitpunkt, da der zweijährige Kampf zu Ende ging. Dass dem so sei, fühlte ich so sicher und bestimmt, dass ich nicht umhin konnte, am Sonntag, tags darauf, da ich über den Lobgesang der Maria zu predigen hatte, meine triumphierende Freude merken zu lassen. Es gab freilich hintennach noch mancherlei aufzuräumen, aber es war nur der Schutt eines zusammengestürzten Gebäudes. Mit dem halb blinden Bruder, einem bescheidenen, demütigen, auch christlich sehr verständigen Menschen, der viel Glauben und Glaubenskraft hat, hatte ich fast nichts mehr zu schaffen; und die an ihn gekommenen satanischen Angriffe sind anderen Leuten kaum bemerkbar geworden. Die Katharina hatte noch eine Zeit lang je und je krampfartige Bewegungen infolge der außerordentlichen Angegriffenheit des Gemüts, war aber auch bald wieder völlig hergestellt; und was mit ihr vorgefallen war, hat, möchte ich sagen, niemand erfahren.

Etwas Weiteres stellte sich noch in der nächsten Zeit bei der Gottliebin ein; aber es waren mehr nur erneuerte, jedoch von selbst misslingende Versuche der Finsternis mit Früherem, die mich weiter nicht viel in Anspruch nahmen. Ja, unter diesen Nachzüglern geschah es allmählich, dass sie zu einer vollkommenen Gesundheit gelangte.

Alle ihre früheren Gebrechen, die den Ärzten wohl bekannt waren, wurden ganz aufgehoben: die hohe Seite, der kurze Fuß, die Magenübel usw. Dabei wurde ihre Gesundheit immer fester und dauerhafter; und jetzt steht es seit geraumer Zeit mit ihr so, dass sie in jeder Hinsicht als vollkommen hergestellt, als ein wahres Wunder Gottes angesehen werden kann. Ihr christlicher Sinn hat auch auf eine erfreuliche Weise zugenommen; und ihre stille Demut, ihre gediegene und verständige Rede, mit Entschiedenheit und Bescheidenheit gepaart, macht sie zu einem gesegneten Werkzeug an vielen Herzen. Was den Wert ihres Charakters am deutlichsten zu erkennen gibt, ist das, dass mir keine weibliche Person bekannt ist, die mit so viel Einsicht, Liebe, Geduld und Schonung Kinder zu behandeln wusste, weswegen ich ihr bei nötig werdender Aushilfe am liebsten meine Kinder anvertraue; und wie sie schon im ganzen vorigen Jahre Industrielehrerin zu aller Zufriedenheit gewesen war, wobei ich nur mit dankbarem Erstaunen auf die bewahrende, göttliche Vorsehung zurückblicken kann, infolge deren sie in *der sonst so schweren Zeit auch nicht* ein einziges *Mal genötigt war, den Unterricht einzustellen,* so konnte ich jetzt, da eine Kleinkinderschule errichtet werden sollte, keine Person finden, die geeignet wie sie gewesen wäre, dieselbe zu übernehmen."

Über der Gottliebin späteres Verhalten fügte Blumhardt im Jahr 1850 folgende Bemerkung einer Abschrift dieser Krankheitsgeschichte bei:

„Gottliebin ist seit vier Jahren ganz in mein Haus eingekehrt (1846) als die treueste und verständigste Stütze meiner Frau in der Haushaltung und Kindererziehung, der meine Frau alles ins Haushaltungswesen Einschlagende, Kleines und Großes, unbedingt anvertrauen und nach Umständen überlassen durfte. Was sie unserm Haus und allen Personen, die bei uns ein und aus gehen, ist, lasse ich andere bezeugen; das weiß ich, dass, wer sie kennen lernt, nicht versäumt, seine Achtung und Wertschätzung ihrer Person überall auszusprechen. Mir ist sie namentlich auch für die Behandlung von geisteskranken Personen nahezu unentbehrlich geworden, da dieselben alsbald das ungemessenste Zutrauen zu ihr bekommen, sodass mein Umgang mir ihnen nur wenig Zeit erfordert. Übrigens ist sie nicht als eine Dienstperson bei uns, da ihre Dankbarkeit sich für das, was sie tut, nicht will bezahlen lassen, sondern sie betrachtet und fühlt sich als von uns an Kindes Statt angenommen, was nun auch mit der Schwester Katharina und dem halb blinden Bruder der Fall geworden ist."

Dieser halb blinde Bruder, Hans Georg, half später im Pfarrhaus in allem aus, im Holzspalten so brauchbar wie im Überwachen der Geisteskranken, für deren Behandlung er eine besondere Gabe hatte. Blumhardt nannte ihn, wie Abraham den Elieser, seinen Hausvogt.

So war denn der Kampf fast plötzlich völlig und für immer zu Ende. Blumhardt hatte seinen Weg durch diese dunklen Gebiete immer einsamer und einsamer gehen müssen. Seine Freunde flohen ihn fast, und am schwersten war's ihm, dass auch sein Busenfreund Barth ihn nicht verstehen wollte. Treulich hatte ihm Blumhardt von Zeit zu Zeit Bericht erstattet und oft dem um ihn bekümmerten Freund versichert, jetzt sei es aber für immer zu Ende. Dass Barth ihm diese Täuschung so hoch als Fehler anrechnete, tat ihm weh. Er meinte, Barth hätte doch wenigstens daraus ersehen können, wie sehnlich er dem Ende entgegensah, und nur umso tiefer hätte der Jammer, wenn alles wieder ausbrach, auch ihm zu Herzen gehen dürfen.

Barth hatte auf diesem Gebiet ebenfalls Erfahrungen gemacht, aber solcher Art, dass er sich ihrer, obwohl er auch nicht ohne Erfahrung göttlicher Hilfe geblieben war, nicht gerade gern erinnerte. Ferner war sein Ohr allerlei Berichterstattern, die nur Unsicheres von der Sache wussten, zu sehr offen, während er es zu Blumhardts großem Schmerz und, wie ihm Barth nachher gestand, „absichtlich" vermied, sich von Blumhardt selbst nähere Aufschlüsse geben zu lassen. Barth hielt überhaupt jede einmal gewonnene Überzeugung oder Ansicht gern fest, fühlte keineswegs das Bedürfnis. sie andern aufzudrängen, aber noch weit weniger, sie irgend gegen neue umzutauschen. Auch machte ihn die Rücksicht auf andere, der Sache noch ferner stehende Freunde zurückhaltender gegen Blumhardt, als es seiner sonstigen Freundschaft gegen ihn entsprach.

Durch Blumhardts bisher demütiges Anlehnen an ihn war er gewöhnt, ihn sich gleichsam als unter seiner Obhut zu denken, und sandte ihm seine in diese Kampfesgeschichte einschlagenden Räte und Warnungen in fast befehlendem Tone.

Blumhardt schrieb ihm am 2. Januar 1844, als er des erkämpften Sieges völlig gewiss war, einen warmen Brief. Er klagte in diesem Briefe zuerst, wie Barth nur Gehorsam verlangt habe, ohne sich in eine Besprechung einlassen zu wollen, und er fährt fort: „Du aber wolltest nur diktieren, und zwar so, wie es schnurgerade der Sache zuwider war und es mir Verderben hätte bringen müssen, denn dass der verloren ist, der dem Feind, mit dem er einmal kämpft, den Rücken bietet, dürftest Du wohl wissen. Du selbst sagst, der Feind habe *es auf meinen Ruin abgesehen.* Das ist wahr, aber um Jesu Christi, meines Heilands, willen, bitte und beschwöre ich Dich, mir zu sagen und zu bekennen: Gibt es denn keine Kraft in der Welt als die des Teufels? Wollen wir denn des Teufels Anbeter werden? Das heißt den Teufel schonen und fein machen lassen, damit er uns nichts tut!

Tue doch Deine Augen auf, mein lieber Bruder, und sage mir: Sucht nicht der Teufel *jedes* Menschen Ruin, und glaubst Du nicht, dass ich dem Ruin näher wäre, wenn ich mich in ein Schneckenhaus verkröche, als wenn ich dem Teufel mit dem Worte Gottes die Spitze biete? O Bruder, Bruder, Du kennst den grausamen Jammer nicht, der auf der armen Menschheit lastet!

Du weißt nicht oder überlegst es nicht, in welch grässlichem Umfang Zaubereien, Teufelsverbindungen in der Welt und in der Christenheit sich befinden. Das aber allmählich erfahren und wissen, gewiss wissen und doch zurücktreten – wahrlich, ich müsste ärger als der Teufel sein, wenn ich das hätte tun wollen. So wisse denn, ich habe es gewagt, ob denn nicht mit der Kraft Jesu dem Teufel das Genick gebrochen werden könne, ich war dazu hingetrieben, das weißt Du, und ich wollte sehen, wer am Ende müde wird oder verspielen sollte, der Teufel oder ich. Ich hab's gewagt, gekämpft; was ich täglich zu Gott geschrieen habe seit anderthalb Jahren im Geist an der Hand des Wortes – das konnte nicht verloren sein. Ob ich recht geglaubt, wird der Tag klarmachen, und Jesus, mein Erbarmer, wird mich rechtfertigen und hat mich gerechtfertigt."

In einer Antwort in demselben Brief auf Barths Besorgnis, Blumhardt schade sich selbst an Leib und Seele, sagte er ferner: „O Du solltest es sehen, wie kindlich heiter ich nach jedem Kampfe bin, wie selig ich mich im Danke gegen meinen Heiland fühle, wie ich beten gelernt habe, dass ich gar vieles meinem Heiland nur sagen darf, und ich hab's. Das ist so auffallend, namentlich bei den Kindern, dass auch meine liebe Doris nur eine Freude ist. Ein Seufzer nach oben: ‚Herr, stärke mich!' stellt alle meine Kräfte her, und nach den größten Kampfnächten hat mir's gewiss noch niemand angesehen. Frage eins mal nach, ob in dieser Woche – als Blumhardt 40 Stunden wachte –, da ich 15-mal vor meiner Gemeinde gestanden habe, mich jemand geschwächt oder angegriffen dachte. Von ruinierten Nerven, Heraufschraubungen ist gar keine Rede, und davon könntest Du Dich leicht überzeugen."

Und doch ist die Geschichte noch nicht zu Ende, nur das Schauerliche hat einen Abschluss gefunden; das *Wesentliche,* das gnädige Eingreifen des Herrn, geht machtvoll vorwärts, und zwar ununterbrochen, fast rastlos. Am 28. Dezember 1843 war der Kampf zu Ende; noch am 2. Januar 1844 verteidigt sich Blumhardt gegen Barths Behauptung, er untergrabe mit seinem Verfahren in diesem Kampf seine Wirksamkeit in Möttlingen; aber schon den 1. Januar war das „Gnadenwerk in Möttlingen", von dem Barth im Februar 1844 rühmend erzählt, im Stillen angebrochen.

Noch einmal kann man von Blumhardt sagen, was er am Vorabend der schwersten Entwicklungen des Kampfes gesagt: „Nie habe ich geahnt, was nachher kommen würde", aber es kam freundlich, hell, es kam diejenige Erfahrung seines Lebens, gegen die die eben erzählte völlig in den Hintergrund trat; wir nennen sie kurz die *Erweckung.* Oft schmerzte es Blumhardt, dass manche Leute immer mehr vom Kampfe als von der Erweckung wissen und reden wollten, und einmal, als ihm ein alter Freund das Manuskript der Krankheitsgeschichte zur Einsicht abbettelte, gab er's ihm ungern, mit der fast befehlenden Bemerkung:

„Aber Du weißt: *Das ist nicht Möttlingen.*"

„Möttlingen", d. h. das Erlebnis, welches der Name Möttlingen ihm ins Gedächtnis rief, auf das er auch seine großen Hoffnungen baute, und dem er bis ans Ende seines Lebens eine hohe Bedeutung für die christliche Kirche zuschrieb, war nicht der Kampf, sondern die Erweckung.

Die Erweckungszeit

Die Bußbewegung

Wer nun die folgenden großen Tage aufmerksam betrachtet, wird mehr oder minder in bestimmter Weise an Tage erinnert, wie sie das Neue Testament erzählt, Tage Johannes des Täufers, Tage der Apostel. Es war, als hätte das Himmelreich, das die Erde zu erobern trachtet, geradeso, in demselben Glanz, wie es zu der Apostel Zeiten sich offenbarte, bis heute weiter bestanden, aber mit einer Hülle umgeben, und als hätte in jenen Tagen diese Hülle sich etwas gelüftet, und es wäre wie durch eine Lücke ein Strahl jenes Glanzes des Himmelreichs Jesu Christi sichtbar geworden. Sie begannen mit einer Bußbewegung, die man im kirchlichen Leben als „Erweckung“ bezeichnet hat, eine Bezeichnung, die freilich auch schon manchen mehr oder minder ungesunden Erscheinungen religiöser Natur beigelegt wurde.

Die Wurzeln, aus denen diese Bußbewegung hervorwuchs, reichen weit zurück.

Vor allem muss nochmals an Barths Religionsunterricht erinnert werden und besonders an seine überaus feierlichen und gesegneten Konfirmationen, die, wie die Leute in der Erweckungszeit bekannten, in vieler Konfirmanden Herz und Gewissen einen tiefen Stachel zurückließen. Der Kampf selbst brachte eine feierliche Stimmung über die Gemeinde. Am tiefsten aber wirkte der Kampf auf Blumhardt selbst, wie auch auf seine beiden Kampfgenossen und nicht minder auf seine Familie. Es war für diese, wie auch für Gottliebin, eine ernste Zeit der Buße und scharfen Gerichtes. Immer neues, strafendes Licht ging ihnen aus dem Worte Gottes auf. „Es war ein eiserner Kamm, der an uns gehandhabt wurde“, sagte jemand, der eng in dieses Ringen verflochten war.

In jenen Kreisen reifte schon damals jene gründliche Lauterkeit vor Gott und gegeneinander, welche später die Erweckung in so unsagbarer Weise kennzeichnete. Aber die Erweckung selbst kam „wie der Quell aus verborgenen Tiefen" ohne jede Ahnung seitens Blumhardts, noch weit mehr ohne jedes absichtliche Zutun. War doch seine Art auch sonst allem Absichtlichen Feind; sie kam aus den Tiefen des Geistes, der „wehet, wo er will; aber du weißt nicht, woher er kommt, noch wohin er fährt".

Ein erster Bote dieses Friedensfrühlings war ein Erlebnis im Konfirmandenunterricht 1841 bis 1842. Sein Konfirmandenunterricht war durch und durch sachlich gehalten, mit Vermeidung aller bewussten Erbaulichkeit. Wo er solche bei einem Pfarrer, dem er etwas sagen durfte, witterte, da konnte er mit Zorn die Partei des, wie er sicher voraussetzen konnte, verstimmten und verbitterten Schülers ergreifen. Nun, lassen wir uns von ihm in seinen Konfirmandenunterricht versetzen und hören wir ihn erzählen: „Da ich so 20 Konfirmanden um mich herumsitzen sah, da sah ich einen Knaben, der zu den schlimmsten gehörte, die überhaupt in der Schule waren, bei dem man schon glaubte, dass alles verloren wäre, denn böse Streiche hatte er gemacht. Auf einmal rieseln diesem Knaben die Tränen von den Augen. Mir war es verwunderlich, wusste nicht, was daraus machen. Aber nach der Stunde hieß ich ihn ein wenig bleiben. Dann fragte ich: ‚Was hast du? Warum weinst du?' Da sagte der ganz treuherzig, er habe sich ins Ohr sagen hören: ‚Deine Sünden sind dir vergeben.' Es ist mir ganz unerwartet gewesen; ich kann nicht sagen, dass ich ein Ähnliches so erfahren habe wie bei diesem Knaben; und richtig, er war von nun an ein ganz anderer Mensch."

Ein weiteres Wehen von Frühlingsluft verspürte Blumhardt am Karfreitag 1842, also kurz vor Beginn des „Kampfes". Es stand damals noch traurig im Gottesdienst. Besucht wurde er zwar fleißig. Sogar die Haugstetter begannen, in Erwiderung der fleißigen Gänge Blumhardts zu ihnen, um ihnen dort Bibelstunden zu geben, sich fleißiger und zahlreicher einzustellen. Aber jene furchtbare Macht, über die Barth schon geklagt hatte, der Schlaf, herrschte noch unbestritten in der Kirche.

An jenem Freitag nun erfasste Blumhardt, als er noch vor der Predigt in der Sakristei saß, der Gedanke an den bevorstehenden Schlaf seiner Gemeinde an diesem heiligen Tag mit tiefem Schmerz. Aus tiefstem Innern schrie er im Geiste zu Gott. Und er fühlte an sich selbst eine Erhörung. Der Text, über den er predigen wollte, Johannes 19: „Weib, siehe, das ist dein Sohn! Siehe, das ist deine Mutter!", ergriff ihn selbst mit wunderbarer Gewalt.

Blumhardt predigte, anders als er es vorbereitet hatte, über des leidenden Heilands herzliche Liebe zu den Seinen, mit einer Herzlichkeit und Bewegtheit, dass man des Heilandes herzliche Liebe selbst herausempfand. Eines der gesenkten Häupter nach dem andern hob sich überrascht empor, sie hörten ergriffen und horchten fort, mit dem Schlafen war es aus, und zwar für immer.

Noch näher rückte die eigentliche Erweckung an der Weihnacht des folgenden Jahres, am Schluss des Kampfes. Der Ruf „Jesus ist Sieger!" war in der Nacht von manchen gehört und verstanden worden. Andere erzählten des Morgens, sie hätten in selbiger Stunde in den Lüften das Tal entlang schauerliche Jammerrufe: „In den Abgrund! In den Abgrund!" vernommen; alles war erschüttert und bewegt.

Mit großer Bewegung predigte sonntags darauf Blumhardt über den Lobgesang der Maria (Lukas 2,46–55).

Es war eine Triumphpredigt, welche die ganze Gemeinde wohltuend erschütterte. Von der Stimmung der Gemeinde über die Ereignisse jener Nacht schreibt Blumhardt an Barth: „Im Orte wird wenig über die Sache gesprochen, es herrscht jetzt großes Erstaunen und Zittern, und eins ums andere kommt und beichtet mir."

Letzteres bezog sich wohl erst hauptsächlich auf die Konfirmanden, unter denen es sich zuerst ganz im Stillen regte. Noch gegen den Jahresschluss erhielt er bald von dem, bald von jenem Konfirmanden ganz insgeheim ein Brieflein, welches Sündenbekenntnisse enthielt. Es herrschte ein mehr und mehr fühlbarer Heiliger Geist im Unterricht. Die Konfirmanden taten sich auch, ohne dass es Blumhardt wusste, in den Häusern im Stillen zusammen, um miteinander zu beten.

Mit Anbruch des Jahres 1844 kam es auch an die Alten. Am Neujahrsabend kam ein Möttlinger, der sonst den Weg zum Pfarrhause selten fand, ins Pfarrhaus. Der Mann war nicht gerade als Ausbund von Schlechtigkeit bekannt, aber doch, wie Blumhardt sagt, „in vieler Hinsicht übel berüchtigt und so verschrobener Natur, dass ich mich geschämt hätte, mit ihm auch nur zu reden, weil ich in Gefahr stand, belogen zu werden."

Er war bei dem jungen Volk an den Winterabenden der zungenfertige Wortführer und Spaßmacher. Dieser trifft vor der Haustür den Hans Georg und fragt ihn kleinlaut, ob er zum Pfarrer dürfe. „Was hast du", fragt dieser befremdet, „beim Pfarrer zu tun ?"

„O Hansjörg" , ist die Antwort, „ich bin im Elend, ich bin in dieser Nacht in der Hölle gewesen als verlorener Sünder, und da wurde mir gesagt, ich solle zum Pfarrer, dann komme ich wieder heraus, sonst nicht."

Hansjörg führt ihn hinauf in des Pfarrers Zimmer; Blumhardt will ihn auf einen Stuhl setzen, aber: „Nein, Herr Pfarrer, aufs Sünderbänklein gehöre ich", ist die Antwort, worauf sich Hansjörg, merkend, dass es Ernst wird, entfernt.

„Zitternd und bleich, sich selbst gar nicht mehr gleich", so erzählt Blumhardt, „fragte er nun: ‚Herr Pfarrer, ist es denn auch möglich, dass mir noch vergeben und ich selig werden kann?' Er versicherte dabei, dass er schon acht Tage lang nicht mehr geschlafen habe, und wenn ihm nicht leichter auf der Brust gemacht werde, so müsse es sein Tod sein. Auf diesen Mann war ich nicht gefasst; ich blieb daher etwas kalt und prüfend und sagte ihm geradeheraus, dass ich ihm nicht traue, auch nicht eher traue, als bis ich an einigen Bekenntnissen seiner Sünden mich seiner Redlichkeit versichert hätte. Doch konnte ich nicht umhin, mit ihm zu beten und ihm, dem seltsam verstörten Mann, was ich zuvor noch nie getan hatte, unter Handauflegung etliche Segensworte zuzurufen, die ihn sichtbar stärkten."

Am nächsten Tag kam er wieder. Blumhardt schreibt darüber an Barth: „Jener arme Sünder kam gestern schon wieder und stand unter der Stubentür so zusammengehauen und betrübt da, dass einer meiner Mägde, die merkte, was das war, vom bloßen Anblick die Tränen von den Augen flossen."

Über den Ablauf des zweiten Besuchs ist nichts bekannt. Die Absicht, Sünden zu bekennen, hatte der Mann schon bei seinem ersten Besuch, aber er scheint es trotz seines Wollens noch nicht einmal beim zweiten Besuche dazu gebracht zu haben. Erst ein späteres Mal sagte er offen: „Herr Pfarrer, jetzt will ich bekennen."

„Das tat er denn auch", erzählt Blumhardt, „mit großer Offenheit, und ich bekam den ersten Eindruck von den vielen schweren Sünden, die unter unserm Volk im Schwange sind. Noch war er in hohem Grade gedrückt, und was ich ihn evangelisch tröstete, wollte nicht haften; er meinte, ich müsse ihm nach meinem Amte vergeben, wenn er völlig beruhigt sein sollte. Ich vertröstete ihn auf den nächsten Besuch, den er schon am folgenden Morgen, im Gemüte um ein Bedeutendes erleichtert und getröstet, machte. Er beharrte auf seinem Wunsche einer förmlichen Verkündigung der Vergebung seiner Sünden; und ich, ohnehin gehoben von der Freude um die Rettung dieses Sünders, nahm keinen Anstand, etwas, das ich mir nach der Augsburgischen Konfession und dem Katechismus sowie nach den Testamentsworten Jesu gar nicht anders als dem evangelischen Amte zuständig denken konnte, zu tun. Ich tat es unter Handauflegung, und als er von den Knien aufstand, glänzte sein gänzlich verändertes Gesicht von Freude und Dank."

Das war der zweite Wendepunkt in Blumhardts Leben. Hatte ihn der erste, die Erhörung des Rufes: „Herr Jesu, hilf!" in dunkle Kämpfe und erst durch diese zu einem denkwürdigen Sieg geführt, so fiel ihm bei diesem zweiten eine unerwartete Siegesfrucht in den Schoß. Es war ihm in der Folgezeit bei dem ungeahnten Erntesegen, der sich ihm nun bot, im Kleinen wohl ähnlich zumute wie etwa einst dem „Engel der Gemeinde zu Philadelphia", als dieser die Worte des Herrn (Offb. 3,7 und 8) vernahm: „Das sagt der Heilige, der Wahrhaftige, der den Schlüssel Davids hat, der auftut, und niemand schließt zu, der zuschließt, und niemand tut auf: Ich weiß deine Werke. Siehe, ich habe vor dir gegeben eine offene Tür, und niemand kann sie zuschließen."

Blumhardt hat diesen ihm so wichtigen Augenblick mehr als einmal schriftlich festgehalten. Eine weitere Schilderung erzählt:

„Den Eindruck aber, den die Absolution auf mich und den Mann machte, kann ich nicht vergessen. Eine unaussprechliche Freude leuchtete aus dem Angesicht des Mannes, und mir war's, als ob ich in eine ganz neue, mir völlig unbekannte Sphäre hineingezogen würde, in welcher heilige Geisteskräfte rege würden. Ich wusste mir's noch nicht zu deuten und deutete es auch nicht, sondern fuhr in Einfalt und Vorsicht fort, auf ähnliche Weise zu handeln, als bald noch andere Sünder kamen.

Fröhlich und glücklich kam der ‚arme Sünder' aus dem Pfarrhause und sagte zu Hansjörg: ‚So, jetzt will ich's meinen Kameraden auch sagen. Haben sie meinen Späßen gelauscht, so werden sie jetzt auch hören, wenn ich ihnen sage, was ihnen zur Seligkeit verhilft.'

Und er hielt Wort. Des andern Tages stand er wieder in der Pfarrstube, mit einem Kameraden am Arm, der ebenso zerknirscht war wie früher er, und dem er ins Studierzimmer verhalf. Gleicher Hergang, gleiche Frucht! Bald kam wieder einer und so fort!"

Freitag, den 6. Januar, an einem monatlichen Bußtag, predigte Blumhardt – von diesen Erlebnissen ergriffen – über die Tageslosung: „Die rechte Hand des Höchsten kann alles ändern" (Ps. 77,11).

„Das war", erzählte er, „das Signal zum allgemeinen Durchbruch; und der Drang der Leute wurde so stark, dass ich von 7 Uhr morgens bis 11 Uhr abends unaufhörlich zu tun hatte und Männer, denen man zuvor auch nicht das Mindeste zutrauen konnte, oft stundenlang in sich gekehrt in der Wohnstube saßen, bis die Reihe an sie kam."

Samstag, den 27. Januar, schreibt Blumhardt an Barth: ‚Bis 8 Uhr gestern wechselte bei mir Person auf Person. Es sind jetzt genau 16 Personen bei mir gewesen mit Bekenntnissen. Mit 10 derselben bin ich vorderhand fertig, sonst warte ich mit der völligen Beruhigung, und jeder muss wenigstens dreimal kommen; andere, denen die Ruhe nicht kam, weil noch ein Butzen versteckt war, haben sechs- bis achtmal kommen müssen. Viele sind mir schon angekündigt. Nur eins will ich dir jetzt gesagt haben, aber mit Schüchternheit: EX hat seit letzten Montag keinen Branntwein mehr getrunken, NB ohne ausdrückliche Aufforderung von mir, und ohne es mir nur zu sagen, bis ich's gestern Morgen von ihm vernahm und auch von seinem Weibe. Aber freuet euch mit Zittern!"

Dienstag. 30. Januar. „Gestern wechselten von 8 Uhr morgens bis

11 Uhr nachts Besuche auf Besuche – es sind bis gestern Abend 35 geworden, die alle große Gewissensangst hatten und mit solchem Ringen und Weinen Ruhe suchten, dass in vielen Fällen ich gleich das erste Mal Absolution reichte, weil ihr Herz zu Zerspringen schien. Andere jedoch müssen wiederkommen. Allein 24 haben Frieden erlangt. In F.'s Hause ist schon jeden Abend Männerversammlung von lauter jung Erweckten. Sonst kommt man da und dort zusammen, besonders bei der G., zu deren Haus alles mit Vertrauen läuft. Es wogt und gärt immer stärker."

Am 3. Februar kann er – infolge jener Predigt – seinem Freund schon von 67 berichten. „In der Wohnstube warten die, welche gekommen waren, gepressten Herzens nebeneinander, bis die Reihe an sie kommt, ins Studierzimmer zu kommen. Dort konnten sich auch die härtesten Männer nicht der heißesten Tränen erwehren."

Blumhardts Art gegen die Kommenden war ruhig und mild, nie aufdringlich, aber unerbittlich auf Wahrheit bestehend, alles Beschönigende abweisend. Dabei gaben ihm die vielen ungeahnten Sünden und Gräuel innerlich viel zu seufzen und zu beten.

Dass nicht alle so tief zerknirscht kamen wie manche der Geschilderten, zeigen folgende Worte: „Manche, wenn ich frage, was sie hertreibe, sagen, sie sehen, dass die andern so freudig und heiter werden, und so möchten sie's auch bekommen. Da fehlt freilich noch viel; aber sind sie einmal da gewesen, so entwischen sie nicht mehr.

Viele Gebetskreise finden jetzt statt, und in allen Häusern ist nur ein Reden der Gottseligkeit, und meine heitern und populären Vorträge, was sie auch seien, sind Zündfeuer und Ortsgespräche, woraus Du allein sehen kannst, wie sehr sich alles geändert hat. Gott sei gepriesen und helfe mir durch, dass ich Vorsicht, Weisheit und Geduld und Liebe beieinander behalte!"

Auch nach Haugstett griff die Bewegung über. Mancher, der vorher gespottet oder seine Frau ausgezankt, wenn sie „auch ging", stellte sich acht Tage später selbst ein, mit bitteren Tränen vor allem dieses sein feindseliges Benehmen bereuend und mit dem Geständnis, er habe Tag und Nacht keine Ruhe mehr.

Langsam nur kamen die Besucher der „Stunde“, die eigentlichen Pietisten. Ein Führer der Stunde machte sich einmal abends auf dem Pfarrhof an Hansjörg: „Du, das ist eigentlich doch katholisch Zuig (Zeug), wie's unser Pfarrer treibt.“

„Meinst du? Aber er verlangt ja dieses Bekennen nicht! Wenn aber Leute so kommen, Frieden zu suchen, so ist er doch, wie eigentlich jeder Pfarrer, verpflichtet, ihnen zu dienen. Hast du Vergebung der Sünden?“

„Ja.“

„Nun ja, dann gönn's auch den andern!“

Aber nach einigen Tagen kam er wieder, bat zuallererst bei Hansjörg wegen seines Vorwurfs ab, der ihm seither schwer aufs Gewissen gefallen sei; ging dann, wie die andern, zerknirschten Herzens zum Pfarrer und kehrte heim, nicht mehr als ein fromm Tuender, sondern als ein armer, mit Gott aus Gnaden versöhnter Sünder.

Ähnlich ging es einem andern hervorragenden Mitglied der Stunde, einem um seines frommen, ehrbaren Wesens willen nicht ohne Grund sehr geachteten Manne. Auch er ging ins Pfarrhaus. Auf der Treppe begegnet er dem Pfarrer und sagt: „Herr Pfarrer, ich dachte, weil so jedermann zu Ihnen kommt, so ...“

„Hast du etwa auch etwas auf dem Herzen?“, fragte Blumhardt.

„Das gerade nicht“, war die Antwort.

„Ach ja, ich dachte mir's, du bist der liebe, brave A.“, sagte Blumhardt herzlich, ihm die Hand drückend, und bot ihm, sich entschuldigend, Lebewohl.

Des andern Morgens in aller Frühe begehrte A. den Herrn Pfarrer zu sprechen: Er habe eine furchtbare Nacht gehabt. Alle seine Sünden seien ihm gezeigt worden. Er komme nicht mehr als der brave A., sondern als einer der ärgsten Sünder. Blumhardt sagte: „Hab' gedacht, der werde kommen, denn ich habe an einem fort seither für ihn beten müssen.“

Immer mehr wuchs ihm die Arbeit an. „Täglich“, so schreibt er am 10. Februar, „habe ich bis nachts um 1/2 12 Uhr noch Leute bei mir, und morgens 6 Uhr steht schon wieder einer da, und den ganzen Tag geht's unaufhörlich fort, dass ich an gar nichts anderes mehr denken kann. Gestern verbat ich mir in der Kinderlehre, bei welcher das Schulzimmer gedrückt voll war, die Besuche wegen des Monatsblatts; umso mehr habe ich heute zu erwarten. Wenn's so fortgeht – und doch –, was soll ich zu allem sagen? Es geschieht mir auf eine Weise, die ganz über all mein Denken geht. Sind doch schon jetzt im Ganzen 156 Personen gekommen, alle mir Bußtränen, wenn nicht das erste, so doch das zweite und gewiss das dritte Mal. Wie ich auskomme, ist mir ein Rätsel. Denn denke Dir, die vielerlei Charaktere, und wüsstest Du auch die vielerlei Sünden und Gräuel, bei denen ich oft ganz starr werden möchte, so würdest Du noch mehr, als Du es schon tust, die Schwierigkeiten meiner Lage erkennen ... Die Versammlungen, Spinnstuben usw. werden so voll, dass ich bald werde organisieren müssen."

Das war samstags geschrieben; Donnerstag darauf belief sich die Zahl schon auf 222.

Aus jenen Tagen sind briefliche Notizen Barths über die Bewegung in Möttlingen vorhanden. Er schreibt pam 13. Februar:

„Am Sonntag war ich mit Seldenschlo in Möttlingen und habe mehrere der Erweckten gesehen, die einem Freude machen. Freilich sind unter denselben auch manche, die längst erweckt und Stundenleute waren, aber zum Teil sehr schläfrig und nicht ganz lauter, zum Teil von dem neuen Leben aufs Neue angefasst wurden. Indessen ist doch das Ganze ein Wunder vor meinen Augen."

Am 24. Februar: „Wir streuen jahrelang den Samen aus und wissen, dass wir guten Samen gehabt und nicht vom Samenhändler uns haben betrügen lassen, und doch will nichts aufgehen, und die Leute sind einmal wie das andremal. Aber es ist nichts verloren, nur braucht's gute Weile, bis etwas hervor kommt; davon habe ich jetzt ein auffallendes Beispiel vor Augen. In Möttlingen hatte Machtolf 37 Jahre lang das Evangelium kräftig gepredigt, nach ihm Groß 14 Jahre lang, durch den viele Leute erweckt wurden, aber im Ort selbst wenige; dann, nachdem 14 Jahre lang wenigstens nichts niedergerissen, wenn auch nichts neu aufgebaut worden, arbeitete ich 14 Jahre lang auf dem alten Grunde fort, in der Hoffnung, wenigstens von dem vormals gestreuten Samen eine Ernte zu sehen. Aber diese Freude war mir nicht bestimmt; habe sie freilich, aufrichtig gestanden, auch nicht verdient.

Nun, nachdem mein Nachfolger Blumhardt auch wieder 5 Jahre lang treulich sich bemüht, in deren Laufe es dem äußeren Anschein nach immer schlimmer wurde und der Stand der Sittlichkeit und des inneren Lebens auch bei ehemaligen Gemeinschaftsgliedern immer tiefer herabgesunken war – nun ist seit einigen Wochen ein Feuer angezündet, das immer weiter um sich greift. Eins ums andere, darunter die Rohesten und Wildesten zuerst, kam verzweifelt und klagend, gedrückt und weinend zum Pfarrer und bekannte seine Sünden und fand schneller oder langsamer den Frieden der Vergebung. Furchtbare Gräuel der Sünde, die im Geheimen getrieben wurden und wohl auch anderwärts getrieben werden, kamen zum Vorschein, und so sind nun bereits mehr als dritthalbhundert Personen, von den 80-jährigen Greisen bis zu den Schulkindern herab, gekommen, und das Feuer hat sogar ins Filial hinüber gezündet, wo bisher eine absolute Unempfänglichkeit zu herrschen schien, und auch dorther haben sich schon mehr als 20 Personen gemeldet. Bei der am letzten Montag gehaltenen Hochzeit der Tochter eines der standhaftesten Gegner der Wahrheit wurden die schönsten Lieder unseres Gesangbuches mit heller Stimme gesungen und so dem Evangelium ein lauter Triumph verschafft.

Merkwürdig ist, dass die Leute sich immer auf Eindrücke berufen, die sie zu Machtolfens, Großens und meiner Zeit empfangen und gegen die sie so lange untreu gewesen. Namentlich aber hat sich's aufs Neue herausgestellt, wie wichtig unsere Konfirmation ist; denn fast alle bekannten, dass sie da einen Stachel bekommen haben, den sie nicht mehr loswerden könnten."

Ferner noch am 2. März: „In Möttlingen gehen die Triumphe der Gnade fort."

Anfang März kann Blumhardt seinem Freund Folgendes, namentlich über die *Früchte* der Bewegung, berichten: „Denke Dir! Gestern hörte ich, dass die Konfirmanden alle in N's Haus zusammenkamen und alle Tage förmliche Stunden miteinander halten. Sie beten kniend und so, dass die Reihe an alle nach und nach kommt, singen, gehen ein Kapitel durch, und M. M., der am meisten Angefasste, macht den Stundenhalter und fragt über das Kapitel die anderen aus, und alles geht so nett und kindlich und unschuldig zu, dass man's ohne große Rührung nicht mit anhören könne."

In jenen Tagen, als er sich in der Männerstube von so vielen Männern und *alten* „Buben" umgeben sah, erwachte in ihm die Sehnsucht und Hoffnung auf eine Ausgießung des Heiligen Geistes. „Das muss kommen, wenn es mit unserer Christenheit anders werden soll. Ich spüre es, so ärmlich darf's nicht fortgehen. Die ersten Gaben und *Kräfte,* o, die sollten wiederkommen, und ich glaube, der liebe Heiland wartet nur darauf, dass wir darum bitten."

In jener Stunde also, im Kreise seiner „Buben", die ihm schon vorher durch die „Zeitungsstunde" so nahe gekommen waren, erwachte in ihm der Gedanke, der fortan der Wahlspruch seines Lebens war: „Bitten wir und hoffen wir auf eine neue Ausgießung des Heiligen Geistes!"

Es kennzeichnet dies den göttlichen Schutz und Segen, unter dem er fortwährend stand, dass ihm seine großen Erfahrungen nicht das Gefühl des *Reichtums* erweckten, sondern das der *Armut,* dass er nicht einem Größenwahn verfiel, sondern dass er sofort an alle andern dachte: „Die müssen's auch haben, und sie wie wir bedürfen noch mehr, als uns jetzt zuteil geworden ist."

Bedenkt man, wie viel an einem solchen Tage das Gemüt Angreifendes vorkam und wie vieles, das heilige Weisheit erfordert, so fühlt man, dass seine Erntefreude mit viel Arbeitsschweiß verbunden war.

„Aber bedauern", schreibt er an Barth, „darfst Du mich freilich nicht, als sofern Du mich selber plagen musst mit Mahnungen fälliger schriftstellerischer Arbeitsschulden, denn wenn ich nicht geradezu die Türe schließe, so ist buchstäblich kein Augenblick für mich übrig. Die Türe aber konnte ich bisher nicht schließen, denn den Leuten pressiert's oft so wegen des Drucks oder der Plage. Gestern kam's mal vor, dass unter den Wartenden einer außer der Reihe heraufgeschickt wurde mit den Worten: ‚Geh du jetzt, weil dir's so pressiert!' Gestern waren 20 Männer bei mir in der Konferenz, heute bekomme ich noch mehr. Alles ging vortrefflich. Alles wurde ein Herz und eine Seele, und es dauerte wieder drei Stunden. Zu derselben Zeit hatte meine Frau unten eine Partie Spinnerinnen. Sie hat auch am Montag einen Weiber-Missions-Spinnverein bei den Tabakspinners eingeleitet ... Von Deinen Konfirmationen erfahre ich täglich mehr; selbst J. P. hat etwas gewusst."

Das alles im Monat Februar, in dem Barth 12 Briefe von Blumhardt erhielt.

7. März: „Meine Konferenzen hatten einen herrlichen Fortgang. Am Montag 31 Jünglinge, am Dienstag 21 Männer, am Mittwoch 46 Männer, zusammen 98 Mannsleute, die alle gesprochen, und so aufrichtig und herzlich, dass ich am Mittwoch einmal ein Gefühl von der Generalkonferenz in Basel bekam. Am Donnerstag 33 Weiber, gestern 50 Weiber, macht 83. Auch bei ihnen ging's sehr ordentlich her."

Am 9. März schreibt er: „Das Monatsblatt kommt heute noch, und zwar durch Extra! Denn bedenke! Gestern Morgen Besuche und Korrektur, dass ich Mühe hatte, noch recht nach Haugstett zu kommen. Dort Betstunden und Konfirmandenunterricht; dann 21 Besuche von Erwachsenen und 26 Kinder, die gesegnet sein wollten, sodass ich wohl um 6 Uhr abends hier ankam. Hier warteten schon wieder Leute, worunter auch der K.; und kurzum, vor 1/2 12 Uhr nachts kam ich nicht an die Arbeit. Die Nacht musste schon her, aber was geschieht?

Außerdem, dass ich mit den eignen Kindern stets Geschäfte haben musste, läutet's um 2 Uhr, die alte M. sei am Sterben. Ich eile – sie war so vergnügt den Tag vorher bei mir – und wie ich herkam, merkte ich am Zittern bald, was es war; geholfen war sogleich. Beiläufig gesagt, dort sagte man, dass den Abend vorher gegen 10 Kinder in ihrer Stube waren, die umherknieten und 1. für den König, 2. fur den Pfarrer, 3. für alle Menschen herzhaft beteten. Kaum zu Hause angekommen, läutet's wieder. Des Schultheißen Kind sei am Sterben; tapfer fort, aber diesmal – traf ich's tot."

Darüber, wie die kleinen Kinder sich zusammentaten, um miteinander, jedes der Reihe nach, kniend zu beten, erzählt Blumhardt noch manches Rührende. Es sei übergangen, aber bemerkt, dass gegen krankhafte Kindererweckungen und Kindergebetsvereinigungen kaum einer einen so starken Widerwillen hatte wie Blumhardt. Als einmal von Schülern erzählt wurde, die sogar in den Freistunden sich zum Beten zusammentaten und darin saumselig und zerstreut in die Unterrichtsstunde kamen, sagte Blumhardt: „Denen hätte ich Ohrfeigen gegeben; deren Beten war kein Beten. Erschrecken hätte man sollen, statt selbst eine stille Freude dran zu haben, so hätten solche Ausartungen von vornherein sich nicht entwickeln können."

Die Kinder kamen alle auch zu ihm ins Pfarrhaus, um sich von ihm segnen zu lassen; manche auch, um Sünden zu bekennen, leider gar nicht ohne Grund; denn dies entlockte Blumhardt den Jammerruf an Barth: „In der Kinderwelt sieht's gräulich aus!"

Die erfreuliche Erscheinung, wie die vorher so „dahinbrütende" Kinderwelt so lebendig wurde, baute ihn sehr auf. Er achtete indessen sehr darauf, dass die Kinder zwar, mehr unvermerkt, beaufsichtigt, aber nicht beobachtet oder gar angestaunt wurden, und fand es ganz in Ordnung, dass dieses Tun der Kinder bald wieder aufhörte.

Am 13. März schreibt er: „Mancherlei Freude und Kampf! Beides so, dass niemals eines von beiden vorherrschen darf. Und so ist's recht. Was meinst Du aber, wenn jetzt selbst Lebensgefahren kommen, die der Teufel durch Menschen stellt? Tut alles nichts, jeder Tag ist ein Siegestag, denn ich sage: Je mehr Kampf, desto mehr Sieg! Denn vom Nachgeben bin ich nicht, und ist das, so muss alles gelingen. St. B. hatte jahrelang einen Groll auf Dich, weil er kein Büchlein zum Hochzeitsgeschenk erhalten hat; es ist ihm jetzt zur großen Sünde geworden, um derentwillen er bei Dir abbitten will."

29. März: „Der Herr muss etwas Rechtes vorhaben, wir beten und glauben in Geduld fort, aber dass die Regung bleiben, ja zunehmen dürfte, ist ein wichtiges Zeichen, dass noch was kommt. Ich freue mich auf die Karwoche wie ein Kind."

Bis zur Osterzeit war bis auf ganz wenige Ausnahmen, die später folgten, die *ganze* Gemeinde mit Einschluss von Haugstett von der

Bewegung ergriffen. Aber schon während des Winters hatte sie sich auf die benachbarten Ortschaften und teilweise weiter in den Schwarzwald hinein verbreitet. Das Gerede, auch das Gespött über die Sache machte sie bekannt und gab manchem, auch unter den Lachern, zu denken, so dass er, ehe er sich's versah, auch kam. Einmal, bei der Beerdigung einer wenig bekannten Person, sah Blumhardt zu seinem Staunen die Kirche voll von Fremden; und von da an kamen auch sonntags immer mehr Zuhörer aus der Ferne. Schon am 6. April schreibt er: „Der ganze Raum um die Kirche her reicht nicht mehr hin. Ein Beweis, wie es Not tut, dass auch die andern Brüder die Tore öffnen."

Letzteres lag ihm außerordentlich am Herzen, damit die Glieder anderer Gemeinden nicht zu ihm müssten, und weil er von der Notwendigkeit und Größe der Sache durchdrungen war.

Über sein Verhältnis und sein Verhalten zu den Fremden schreibt er im Kirchenblatt, wie schwer ihm der Gedanke gefallen sei, dass dieses Herzuströmen der Leute die Gottesdienste mancher Kollegen wenigstens teilweise entvölkere, „aber was sollte ich machen? Wie hätte ich sollen dem Strome gebieten?

Wahrlich, die ganz auffallende und ungewöhnliche Erscheinung – man muss Zeuge davon gewesen sein – hat mich viel ins Nachdenken und ins Gebet getrieben; und da es eine Erscheinung in der Kirche war, deren Oberhirten wir kennen, so wird man mir es weder als Torheit noch als Anmaßung auslegen können, wenn ich den Gedanken nicht abwies, ob unter solcher Bewegung nicht auch der Herr seine Hand haben könne. Hatte ich's aber mit dem Herrn zu tun, so war's geraten für mich, eher alle Arbeit, Sorge, Angst, Missdeutung, allen Kampf und Schweiß auf mich zu nehmen, als aus menschlichen Rücksichten Ihm Widerstand zu leisten. So beschränke ich mich darauf, den Zudrang nicht zu fördern; und dass ich den Fremden geschmeichelt habe, wird mir niemand nachsagen. Dabei getröstete ich mich der Hoffnung, zu welcher vieles mich berechtigen konnte, dass vielleicht in Bälde meine Kollegen vollere Kirchen bekommen dürften als je, während jedenfalls das Hierherlaufen von selbst wieder nachlassen müsste.

Ich könnte Kollegen nennen, die ihre Gemeindemitglieder sogar aufgefordert haben, nach Möttlingen zu gehen. Ob aber nun durch die vielen Besuche etwas herausgekommen, das lasse ich andere beantworten, das habe ich auch nicht zu verantworten. Ich habe sie nicht gesucht und befördert, wie auch nicht gehindert und in beidem mein Gewissen frei erhalten.

Übrigens waren die Hausbesuche der Fremden, die bis heute noch nicht ganz aufgehört haben, noch viel beschwerlicher und drückender für mich. In der Regel kamen sie mit Angelegenheiten des Herzens, die sie mit mir besprechen wollten, und es war mir auffallend und bedenklich, sie ganz in derselben Fassung und Haltung vor mir zu sehen wie früher meine Gemeindeglieder. Sie fühlten den Druck bestimmter Sünden, die sie nimmer länger bei sich behalten wollten.

Da fand ich mich nun freilich in der größten Verlegenheit, und zwar umso mehr, weil ich bald merkte, dass manche Kollegen, zu denen ich sie am liebsten geschickt hätte, nicht so ganz die Überzeugung von dem Werte der Privatbekenntnisse mit mir teilten, wiewohl mir's mehrere dankten, dass ich ihre Angehörigen zu ihnen wies.

Es blieb mir nichts anderes zu raten übrig, als dass sie, wenn ihr Druck so groß sei, einem ihrer Freunde, der's aufrichtig mit ihnen meine, als in Gegenwart Gottes und unter Gebet sich aufschließen sollten, nach dem Worte des Apostels Jakobus: ‚Es bekenne einer dem andern seine Sünden', worauf die Versicherung der Vergebung, wenn ihre Buße ernstlich sei und sie auf völlige Erneuerung ihres Sinnes es absehen würden, ihnen nicht fehlen dürfte, besonders wenn sie sich diese noch durch den Genuss des heiligen Abendmahles versiegeln ließen. Dies war meine Weise mit den Fremden. Hie und da traf sich's freilich, dass man dies und jenes aus seinem Leben erzählte, was einem Bekenntnisse oder einer Beichte gleichsah; aber dem Gerücht, als hätte ich sie ebenso wie meine Gemeindeglieder behandelt und damit in fremdes Amt gegriffen, muss ich hier aufs Bestimmteste widersprechen.

Von einer Absolution war ohnehin nicht die Rede. Das aber kann ich nicht nachdrücklich genug gegen meine werten Kollegen aussprechen, welch eine Wohltat sie ihren Gemeindegenossen erzeigen können, wenn sie einerseits deren alte, verborgene Sünden ihnen zum Bewusstsein wecken und anderseits ihnen die Hand bieten, durchs Bekenntnis sich derselben zu entledigen."

Es ist schwer, von der Tiefe des Ernstes, mit welcher diese Bewegung das Volk ergriff, sich eine Vorstellung zu machen. Man denke sich in einen Mann hinein, der etwa aus einem entfernteren Dorfe als Erster sich aufmachte zu Blumhardt, um seines Herzens Not zu klagen, was er zu überwinden hatte, um diesen Schritt zu tun! Und wenn er fröhlich heimkam, wie viel bedurfte es gar, bis ein Zweiter, ein Dritter sich dazu entschloss! Denn mit jedem neuen nahm natürlich in solchem Dorfe das Gespött überhand. Dies blieb übrigens auch unterwegs nicht aus. Wer sonnabends eine Straße zog, die ihn mit einiger Wahrscheinlichkeit als „Wanderer nach Möttlingen" verriet, der bekam allerlei Grüße, wie: „Auch nach Jerusalem?"

„Viel Vergnügen!"

Ferner fehlte der Bewegung alle Poesie der Schwärmerei, die sonst eine so gewaltig ansteckende Kraft hat. Von einem öffentlichen Bußgeheul oder gar von einem insgeheim fast prahlerischen Auskramen seiner Sünden oder Beteuerung der eignen Schlechtigkeit, wie das ja leider oft bei so genannten „Erweckungen" auftritt, war hier nichts zu merken; dazu war die Sache viel zu nüchtern, zu ernst, zu fest ins Tatsächliche, Wirkliche eingewurzelt. Es war bei vielen ein förmliches *Müssen,* sie *konnten* nicht mehr anders. Es war ein Schrecken über die Seelen gekommen. Man wurde unwillkürlich an die Bewegung in Johannes des Täufers Tagen erinnert.

Auch die Schlichtheit und der Ernst in den „rechtschaffenen Früchten der Buße" erinnert daran. Überall kamen Versöhnungen alter Feinde und namentlich auch Wiedererstattungen von Gestohlenem vor. Die Wiedererstattungen machten Blumhardt große Not. So hatte ein sonst „christlich gesinntes" armes Ehepaar seine Schuld zu verzinsen und vermochte es nur mit Not. Da hatte der Schuldherr einmal aus Versehen *zwei* Jahreszinse, den letztjährigen und den laufenden, statt nur eines einzigen, quittiert. Sie merkten es erst bei ihrer Heimkehr, nahmen es so halb „mit Dank für diese göttliche Hilfe" an, und Jahre gingen darüber hin. Da, in den Strom der Erweckung hineingerissen, schlug ihnen auch darüber das Gewissen. Sie bekannten es Blumhardt, gestanden auf dessen Rat die Sache dem Schuldherrn und baten um Nachsicht und Geduld, da sie augenblicklich völlig außerstande waren, diese alte Schuld zu tilgen. Sie hofften, es werde nicht allzu schlimm ablaufen. Allein höchste Entrüstung des Schuldherrn, hartes Eintreiben der Schuld, große Not und Bedrängnis war die Folge.

Über die Ursachen der Erweckung und ihren Zusammenhang mit dem Kampf sprach sich Blumhardt 1846 in einem Brief an einen Freund aus: „Deine Bemerkungen über das Möttlinger Leben haben mich gefreut. Nur musst Du unter dem Schreck, von dem Du redest, nicht ein mechanisches Erschrecken über gewisse Tatsachen verstehen. Der Zusammenhang meines Kampfes mit der Erweckung ist durchaus nicht äußerlich. Letztere ist durch ersteren im vollsten Sinne erworben. Durch den Kampf und Sieg wurden satanische Kräfte gebrochen, die jetzt gar nicht mehr oder nur äußerst schwach wirken können. Ein Bann, der die Herzen und Geister umnachtete, ist abgetan; letztere sind nicht mehr so vernagelt und sind zugänglich. Weil aber in ihrem vernagelten Zustande viele horrenda (Gräuel) von den Leuten geschehen sind, aus denen sie sich nichts machten, so kann der erste Eindruck eines lebendigen Wortes auf sie nur ein Schrecken über sich selbst sein. Was sie getan haben, haben sie häufig nicht gewollt, nicht mehr gewusst; jetzt fällt es zentnerschwer auf sie, und sie können's nicht mehr, wie vor sich, so vor dem Licht verbergen. So, mein Lieber, musst Du es Dir ansehen; und so erklärt sich der fortgehende Schreck."

Wirft man nun noch einen betrachtenden Blick über die ganze Bewegung, so scheint eins vor allem bezeichnend für sie zu sein – der Charakter der Objektivität. Für diesen Ausdruck besitzt unsere Sprache kein entsprechendes Wort. Man könnte es in diesem Falle kaum besser verdeutschen als: „Sie trug das Gepräge göttlichen Ursprungs."

Es war nichts Gemachtes in der Sache, weder bei Blumhardt noch bei den Leuten, die zu ihm kamen; was er tat und was sie taten, war über sie gekommen. Blumhardt seinerseits hatte diese Bewegung nie von ferne geahnt, noch viel weniger so etwas hervorzurufen gesucht. Allerdings hatte er schon in der Kampfeszeit es merken gelernt, dass „Heimlichkeit die Macht der Sünde“ ist und dass mancher Bann nicht vom Gewissen wegkommt, bevor er ans Licht gebracht ist, und hatte infolgedessen angefangen, sonntags vor dem Abendmahl in seiner herzlichen und brüderlichen Weise den Zuhörern zu sagen, wer etwa einen Bann auf dem Gewissen habe, der ihm den Segen des Abendmahles rauben oder hindern würde, der möge zu ihm kommen. Das war aber auch alles. Seine Predigt in der Erweckungszeit deckte allerdings schonungslos und rückhaltlos die Sünden und Schäden des Volkslebens auf und leuchtete bis in die innersten Verstecke des Herzens, aber sie redete immer als zu Bußfertigen, wie er gelegentlich einmal bemerkte: „Der Eingang, den meine Predigten in den Gemütern finden, beruht teilweise auch darauf, dass ich alle meine Zuhörer als mir gleich gesinnt mir denke und sie als solche behandle.“

Dass dies ein sehr energisches Dringen auf Bekehrung nicht ausschloss, sagte er uns in einem späteren Briefe an einen Freund, der – von den bei Blumhardt erlebten Heilungswundern hingerissen und für dessen Hoffnungsgedanken begeistert – ihn zu lauterem, vermeintlich mutigerem Verkünden der ihm gewordenen besonderen Lichtblicke in den Gang des Himmelreichs antreiben wollte.

Blumhardt verweist ihn auf den „Anfang seiner Geschichte“, auf die Bekehrung seiner Gemeinde, und sagt: „Da wurden die Leute durch Buße und Glauben hindurchgeführt, noch ehe ich daran dachte, irgendwie Heilkräfte zu haben. Was waren dabei meine leitenden Grundsätze? Keine andern, als die ich von Kind auf gekannt hatte, die ich nach reformatorischer Art aus der Schrift mir gesammelt hatte. Sie wurden nur geistiger, energischer, lauterer festgehalten, als sie viele andere vor mir hatten. Alle meine Predigten waren und blieben der Reflex der protestantischen Lehre, und ich fühlte es stets, dass ich nur wirksam predigte und die Seelen traf, wenn ich solches vornehmlich mit der Macht des Geistes trieb. Buße und Glauben an Christum, den Gekreuzigten, war die Angel, um die sich alles bewegen musste. Bekehrung und nichts als Bekehrung der Leute war das Ziel, auf das ich loszusteuern hatte, und zwar mit den jedermann bekannten Hebeln unserer Katechismuslehre. Hierbei musste ich immer mir den stärksten Worten herausheben, was jeder augenblicklich beim Heiland haben könne, wenn er mit lauterem Sinne Buße und Glauben erfasste, und vorerst eben das haben könne, was seit 300 Jahren der Katechismus heraushebt, als sichere Frucht des Glaubens, wie Vergebung der Sünde, Frieden, Kindschaft mit Gott, einen gnädigen, erhörenden Heiland. Damit trat ich in die Fußstapfen eines Johannes ein, der dem Herrn den Weg bahnte, durch Buße und Vergebung der Sünden, in die Fußstapfen des Herrn selbst, wie Er's in allen Reden, besonders in der Bergpredigt darstellt, in welcher unter anderem der Herr, ohne auf Eventualitäten in der Zukunft hinzuweisen, die stärksten Gebetsverheißungen gibt."

Jene Art dagegen, mit aller Kraft der Beredsamkeit auf die Nerven des „Sünders" einzuwirken, um ihn zur Buße zu bewegen, war ihm in der Seele zuwider. Er fürchtete sich vor einem solchen Eindringen eines Sünders auf den andern Sünder, wobei der erstere so stark seine eigene, vermeintlich treffliche Persönlichkeit mitwirken lässt, und versprach sich davon nur schlimme Folgen, wenn auch scheinbar wirkliche Bekehrungen erfolgen würden. „Wenn doch", so klagte er einst in Möttlingen, „nur die Bekehrungen einmal gänzlich aufhören würden, bei denen für Herz und Wandel nichts herauskommt!"

Als er einmal in einer sehr säkular geprägten Stadt auf Besuch predigte und der dortige Seelsorger fast unzufrieden darüber war, dass er so überaus lieblich und freundlich geredet habe, sagte er: „Alles Evangelium wirkt Buße", und: „Was aus eigener Buße fließt, wirkt wieder Buße, auch wenn's lauter Evangelium ist; was aber nicht aus eigener Buße herausgeredet ist, wirkt wie Seifenblasen gegen Festungsmauern."

So bangte ihm für die heutige an christlichen Bestrebungen so reichen Zeit immer vor einem DuChristentum im Gegensatz zum Ich-Christentum, d. h. davor, dass einer sich sehr sorgfältig um den andern, um dessen Bekehrung bemühe, weniger aber um die eigne.

So schonte er ängstlich des Menschen Freiheit. Fragten die Leute, was von alledem, das sie drücke, sie kundgeben sollen, so riet er ihnen: „*Sag das, was du* ungern *sagst!*“

Das andere *Objektive*, das zutage trat, war die Friedenskraft, die von Blumhardt ausströmte, dass man fühlte: Es ist Jesus Christus selbst, der durch Seinen Knecht hindurch dem Sünder die Friedenshand reicht, der ein tatsächliches, unabweisbar gewisses Wort der Vergebung spricht, wie es eigentlich in den Worten liegt: „Was ihr auf Erden lösen werdet, das soll auch im Himmel los sein“ (Matth. 18, 18), und: „Welchen ihr die Sünden vergebet, denen sind sie vergeben“ (Joh. 20, 23).

Diese Wirkung war damals die innere Triebfeder der ganzen Bewegung. Denn der außerordentliche, selige, durchschlagende Erfolg, den man an Leuten sah, die man etwa als „auch nichts Besonderes“ oder gar als schlimm kannte, trieb andere an, ebenfalls zu kommen. „Unter meiner Handauflegung fühlten sie eine wohltätige Kraft über sich kommen, die ohne mein Wissen selbst auf leibliche Heilung wirkte und jedenfalls ihr ganzes Aussehen veränderte und verjüngte.“

Wie einfach, schlicht und freundlich half doch da der Heiland selbst, als er endlich einen, so darf man vielleicht sagen, gefunden hatte, der ihn besser verstand als viele andere und ihn mehr nach seinem Sinne walten und selber eingreifen ließ! Wie viel wirksamer und dem ewigen Leben, das er gibt, entsprechender war es als oft die endlose Schraube unserer menschlichen Zusprüche, in Androhung der Strafe oder in Zusicherung des Trostes!

Das letzte Kennzeichen von Objektivität war die *Allgemeinheit* der Wirkung. Es gab nicht etwa zwei Parteien von „Bekehrten“ und „Unbekehrten“. Die Bewegung erstreckte sich innerhalb der Gemeinde mit verschwindenden Ausnahmen über alles, „was Gott erschaffen hat“. Es ist wahr: Einigermaßen lässt sich dies aus Blumhardts ganzer Art erklären. Parteistreitigkeiten gediehen in seiner Nähe nicht. Hass, Streit, Verfolgung hatte eigentlich auch sein früheres, wenn auch noch so mächtiges Wirken nirgends erregt, weder in Dürrmenz noch in Iptingen. Es hing dies zusammen mit seiner Ansicht, dass er jedem Zuhörer die gleiche Gesinnung, die er selber hatte, zutraute, überhaupt seinem großen Vertrauen auf die Allgemeinheit des guten Willens in uns sündhaften Menschen. Gegen Prediger, die über „Verfolgung“ klagten, konnte er scharf sein. „Glaub doch nicht, das widerfahre dir wegen deiner Frömmigkeit, die möchte noch viel leiden, mit der ist's schwerlich so arg viel; aber wenn einer deiner Zuhörer von dir merkt: ‚Der hat nichts auf mir‘, dann hat er ein Recht, dir zu zürnen.“

Diese Allgemeinheit ist aber auch das deutlichste Zeichen, dass der Anschein einer von Gott gewirkten Sache, den offenbar die ganze Bewegung an sich trug, die Buße sowohl als das Finden des Friedens, dass dieser Anschein in der Tat nicht ein bloßer Schein, sondern helle, schöne Wirklichkeit war, dass eine Barmherzigkeit Gottes gegen die Sünder in ganz besonders mächtiger Weise alles durchdrang.

Bei allem war Blumhardt der nächste und oberste Erleber der großen Dinge. Jenes oft so bedenkliche „heiße Ringen“ um Erweckungserscheinungen lag niemandem ferner als ihm. Wo er kämpfte, war er durch vorhandene Not gezwungen und war dann allerdings voll und ganz eingetreten. Aber durch irgendein geistliches Tun: Reden oder Beten, Erweisungen des Heiligen Geistes erzwingen zu wollen, davor schauderte es ihn. Es war ungeahnt über ihn gekommen, und fort und fort war er vom Strom eines großen, heiligen Geschehens getragen.

Wie sehr dies der Fall war, verdeutlichte Blumhardt selbst: „Was ich tat, war nichts von mir Gesuchtes, Erzwungenes, Gemachtes, sondern etwas rein sich von selbst Ergebendes, ja ohne meine Bitte aus unverdienter Barmherzigkeit mir Gewordenes. Mit mir selbst kam ich auch ins Gedränge, der ich mich auch als Sünder fühlte und nicht denken konnte, dass Gott mit mir eine Ausnahme mache und einen andern Weg als mit andern gehen wollte, und es wurde mir schwer, ähnliche Sünden, deren ich mich schuldig fühlte, und die mir noch nicht auf diesem Wege vergeben waren, nun andern als im Namen Gottes zu vergeben. Weil die Zeit drängte, so machte ich einstweilen im Stillen gleichsam einen Akkord mit dem lieben Heilande, er möge mich für den nehmen, der wie jeder andere Sünder seine Sünden bekannt hätte, da er wisse, dass ich bereit dazu sei, bis mir eine Gelegenheit geboten wäre. So durfte ich mit einem vorläufig versöhnten Gewissen und freudigen Geist fortmachen, dass es mir erging wie dem Cornelius und seinen Gefährten, über die der Heilige Geist fiel, ehe sie getauft waren, die aber doch noch hinterdrein getauft werden mussten (Apostelgesch. 10,44-48).

Indessen kam für mich bald die gewünschte und gesuchte Gelegenheit."

Gerade darum aber, weil die Bewegung einfach über ihn gekommen war, drängte sich ihm der Gedanke an eine allgemeine Bedeutung für die Kirche, ja für alle Menschen unwiderstehlich auf. Das Bedürfnis, das ihm durch die Friedensuchenden entgegenkam, war so wahr und unabweislich, dass seine Allgemeinheit offensichtlich war, und die Hilfe, die ihnen ohne sein eigenes Zutun durch sein als Knecht Christi gesprochenes Wort widerfuhr, war wiederum so tatsächlich und groß, dass man fühlen musste: Dies will der Herr allen geben und gönnen.

Ein anderer als Blumhardt hätte vielleicht an seiner Stelle sich gern, recht gern mit der vermeintlich bescheidenen Meinung zufrieden gestellt: „So was ist eben nur möglich, wo ich oder doch einer wie ich da ist, und derer gibt's eben nicht viele."

Er hätte dann ein wenig in Religionsstiftung gemacht und zum soundsovielten Mal seit der Apostelzeit wieder einmal die „echte, wahre Gemeinde Christi" gegründet und wäre mehr oder minder ausgesprochen ein Sektenmann geworden. Aber Blumhardts ganzes Wesen sträubte sich gegen solchen Hochmut. Fürs Große stimmten ihn seine Erfahrungen immer kühner im Hoffen, *persönlich* aber, für sich, immer *demütiger.* Auch als die großen Wunder kamen, fühlte er sich durch jedes wieder neu unter jenen „Schreck" gestellt, und andere, die aus verborgener Eitelkeit ähnliche Gebetserhörungen gleichsam erzwingen wollten oder die eine oder die andere erfahrene Gebetserhörung zu erzählen nicht müde wurden, konnte er warnen: „Bilde dir *einmal* etwas darauf ein, so ist's für lange hinaus nichts", oder: „Es in solchem Sinne *haben* wollen, ist das größte Hindernis, es je zu *bekommen.*"

Aber eben darum wusste er, dass seine Amtsbrüder dieselben Erfahrungen machen könnten und sollten. „Es liegt nicht in uns, es liegt im göttlichen Worte, das wir nur schmucklos wiederzugeben haben, und im Segen unseres Amtes."

Das waren seine Gedanken. Danach lechzte er aber damals förmlich bei dem Andrang der friedensuchenden Leute. So schreibt er am 3. April 1844 an Barth: „Im Wald hat ein Mann von A. heimlich von den Möttlinger Sachen reden hören, und so, dass er Hoffnung fasste, A. öffne auch seine Türe für den armen Sünder; B. hat sie geöffnet, am Palmsonntag, da er ähnlich die Leute zu sich einlud wie ich früher. Dasselbe hat N. getan; M. N. M. (alles Ortsnamen, die Buchstaben sind nicht Anfangsbuchstaben) wird feuriger, und mit großer Gespanntheit harren die Beichtkinder auf ihre Erklärung. Warum können auch B. D. N. so hart sein und keinen Zug tun wollen bei dem großen Verlangen der Leute? Sie dürfen nur in der Predigt berühren: Wer einen Druck habe, soll kommen ... Ach, es muss anders werden, denn ich sehe es klar, dass das Bisherige nichts war in Vergleichung mit demjenigen, was sein sollte."

Und tags darauf: „Überall wollen die Gewissen entladen sein, denn von allen Ortschaften werde ich überstürmt, und wie froh wäre ich, den gepressten Herzen sagen zu können: ‚Gehet zu eurem Pfarrer!' Die Leute dauern mich, ich darf nichts tun und muss sie mit Kanzleitrost abspeisen. Sonst meine ich aber, christliche Brüder hätten aus den Mitteilungen doch schon sich etwas merken können und denken, es könnte ihnen auch etwas glücken, wenn sie's probieren wollen, ihre von Gott ihnen befohlenen Beichtkinder einzuladen zum Bekenntnis, wenn dies gewünscht wird ... Den Leuten fällt's auf, dass ich allein stehe und dass eben meine Freunde in einer so wichtigen Sache nicht folgen. O der Herr weiß es, wie mir's zumute ist und wie mich's brennt für die ganze Welt! Vorwürfe will ich niemand machen, aber mein Herz ausleeren gegen dich, ist mir Bedürfnis."

Eine herzbewegende Klage! Das Volk ist in ernsthafter Weise von der Bewegung ergriffen und strömt zu Blumhardt, nach demselben Trost hungernd, den die Möttlinger empfangen haben, und er kann ihnen nur „Kanzleitrost" geben, weil sie nicht seine Pfarrkinder sind und er nicht in eines andern Amt eingreifen will noch darf. Er hungert mit diesen Leuten und für sie nach einem Entgegenkommen der

Pfarrer, aber vergeblich. Die Ernte ist reif, die Schnitter sind da, aber sie tragen Bedenken, die Ernte einzuheimsen.

Durch die kühle, ablehnende Haltung der Pfarrer fiel so auf diese so sehr aufs Allgemeine angelegte Bewegung allmählich der Schein einer bloß örtlichen und an Blumhardts Person geknüpften Besonderheit, und was Tausende mit unwillkürlicher Macht ergriffen hatte, musste sich „eine Spezialtheorie Blumhardts“ schelten lassen. Das war sein Schmerz. Ihm war es unabweislich eine erfreuliche, gewaltige, verheißungsvolle Erscheinung im Leben der evangelischen Kirche, woran ihm nur die erste Stelle des Miterlebens zugefallen war; manchen theologischen Freunden aber erschien es fast als Ketzerei.

Am schmerzlichsten traf Blumhardt der Vorwurf einer Annäherung an den Katholizismus, ihn, den so durch und durch evangelischen und gerade in Luthers Geist und Schriften so tief gewurzelten Mann. Hatte er doch soeben in seinem furchtbaren Kampf so tief in die geheimen Schäden des Katholizismus hineingeblickt, dass er gerade damals über das Wesen desselben sich gelegentlich in erschreckend ernster Weise aussprach.

Etwas von der königlichen Macht, mit welcher der Herr durch Petrus (Matth. 16,19) und damit doch durch seine Knechte überhaupt (Matth. 18,18) zu wirken verspricht, hatte Blumhardt in seinem Kampf erfahren, freilich mehr in kriegerischer Weise. Jetzt erfuhr er Ähnliches, aber in der dem Herrn erst recht von Herzen gehenden friedlichen, priesterlich versöhnenden Weise. Er sah, wie gern rasch und völlig Jesus Christus, kraft seiner Erlösungsrechte, alle Sünden, auch die schwersten, vergibt: Mord, Ehebruch, Dieberei und unnennbare Gräuel, wenn sie ans Licht kamen. Er erlebte in ungeahnter Weise, wie der Herr das Verlorene sucht und Sünder selig macht und wie durch des Herrn Wort die recht eigentlichsten Sünder in einfacher Weise, so wie's im Evangelium geschildert ist, Frieden fanden, wenn sie das, worüber sie bisher nicht Frieden gefunden, einem andern, und zwar als vor dem allgegenwärtigen Gott, offenbaren. „Aber warum denn, sagt man, vor Menschen bekennen? Genügt es nicht, im Kämmerlein vor Gott zu bekennen?“

Aber betrachten wir die Sache doch einfach! Solch ein Bekennen ist wie ein Selbstgespräch: Man sagt eine Sache, die man schon längst weiß, ihm, der sie ebenfalls schon längst weiß. Das ist ein sehr gesegnetes Tun, so vor Gott bis ins Einzelne die Schäden der Seele zu erwägen, sie sich klarzumachen und vor ihm zu bekennen; aber heimliche Gräuel? Und derer gibt es viele auf Erden! Gehört es da nicht nach der allgemeinen menschlichen Erfahrung, wie es so oft an Sterbebetten wie auch bei Kindern klar wird, gewissermaßen zur *Naturreligion*, da solche Dinge heraus müssen ans Licht? Wenn ich Gott etwas bekenne in Gegenwart eines Menschen, der es *noch nicht weiß*, ist das nicht der Weg, auf dem das Heimliche aus der Finsternis heraus ans Licht dringt? Damit ist nicht nach der Zwangsbeichte des katholischen Beichtstuhles gerufen, noch nach jenen vermeintlich frommen Kränzchen, wo man seine Sünden einem Dutzend anderer Sünder zu erzählen hat, was auf das Schamgefühl und dann den Wahrheitssinn zerstörend wirken muss, sondern es ist nur dem Menschen, der sich nicht mehr zu helfen weiß, die Tür zu einem verschwiegenen Bruderherzen aufgetan. Auch kann man sich der Vermutung nicht erwehren, es sei auch eine der Ursachen, warum in der katholischen Bevölkerung der Selbstmord lange nicht so überhand genommen hat wie in der evangelischen.

Wie gut wäre es, wenn im Bewusstsein unseres allgemeinen „Menschen“ das Studierzimmer des Pfarrers, in edlerer, freierer Weise als der Beichtstuhl, als der Ort bekannt wäre, wo man schließlich alles sagen darf und für alles ein freundliches und verschwiegenes Ohr findet! Es wäre dann doch noch die Wahl zwischen dem „Strick“ oder der „Eisenbahnschiene“ und diesem Zimmer! Aber gestehen wir es uns: Vor lauter Geistigkeit und Freiheit sind ihrer viele, Millionäre und Proletarier, verschmachtet und zerstreut, wie Schafe, die keinen Hirten haben!

Eine Folge dieser nüchternen, trockenen Buße in der Möttlinger Erweckung war denn auch eine einfache, offene, natürliche und herzliche Art, die sich sowohl im Gebaren des Einzelnen als auch in dem Ton kundgab, der in den gemeinsamen Unterhaltungen herrschte.

An solcher Buße, wie sie hier stattfand, ist eben gar nichts, was dem geistlichen Hochmut Nahrung geben könnte. Wer so sich selbst, in seiner Vergangenheit, gleichsam außer sich, sich gegenüber angesehen hat, im Spiegelbild des Urteils eines andern, der ist von allem Bewusstsein, ein Frommer zu sein, gewiss für lange Zeit geheilt. So fröhlich ihn der Friede macht, wenn er Vergebung erlangt hat, so denkt er nur noch geringer von sich denn vorher.

Aber die Absolution? Nun, die erteilt allerdings heute jeder sich selbst, bald mit mehr, bald mit weniger Vertrauen auf den Erfolg. Aber es gibt eben doch solche, denen dies durchaus nicht gelingen will, und von diesen allein ist zu reden.

Des Heilands Art war es nicht, der Fordernde zu sein, und wenn geleistet war, gehen zu lassen. Er ist der Geber. Nur die sichere Gewähr einer auf das Bekenntnis folgenden, voll und ganz eintretenden Vergebung *wird* aber auch zu einem solchen Schritte bewegen. Und solche Vergebung kann man sich auch trotz des Bekennens nicht selbst versprechen. Denn solche Vergebung geht weit über das, was man erwarten kann. Wir können sie uns weder als Ergebnis einer gewissen Schlussfolgerung unserer Gedanken, noch als letzte Frucht irgendeines Bußkampfes erwerben. Denn getane Sünden sind eben geschehene Dinge, die durch nichts von uns ungeschehen gemacht werden können, und jede solche Schlussfolgerung würde zu einer Selbstrechtfertigung, da wir auf irgendwelche Weise die Selbstverdammung, die uns allein zukommt, zurücknahmen.

Die uns Sündern gewordene Möglichkeit einer Vergebung der Sünden ist ein geschichtliches Ereignis, ist der innerste Kern aller bisherigen Menschheitsgeschichte, ist die Frucht der Sendung Jesu Christi vom Himmel und des Kampfes Jesu Christi auf Erden, seines Kreuzestodes, seiner Auferstehung; die Vergebung selbst ist eine persönliche Gabe Jesu, des Siegers, an den Kommenden. Er hat dem Einzelnen gesagt: „Dir sind deine Sünden vergeben."

Er sprach als einer, der im Namen des Gläubigers die Schuld *streicht.* Er sprach, dass es auch die Pharisäer so verstanden: „*Er vergibt* Sünden."

Er sprach es mit dem ganzen Wagnis, Anstoß zu erregen, als einer, der in Gottes Befugnisse eingreife, und begründete es damit, dass er diese Befugnis *habe.* Er ließ es also nicht bei der allgemeinen Verkündigung bewenden: „Wenn ihr Buße tut und glaubt, so habt ihr Vergebung der Sünden“, sondern er schritt tätig ein und sagte: „Dir sind deine Sünden vergeben.“

War aber dieses Tun Jesu nicht eine Besonderheit seiner göttlichen Würde? In seinem Reiche, das fühlen wir ihm ab, sollte alles persönlich sich vermitteln, von Herz zu Herz, von Hand zu Hand, durch freundlichen Verkehr, brüderliche Gemeinschaft. Und so hat er denn auch seine Zwölf gleichsam als die Verlängerung seines Arms verwendet, als seine Werkzeuge, durch die hindurch er wirken wolle, als stünde er da; in seinem Namen sollen sie tun, was er tat.

Die Zwölf hatten dazu den Heiligen Geist empfangen. Und dessen bedurfte es auch, um die Sünde heilig zu beurteilen und evangelisch, d. h. in völlig vergebendem Sinn.

Sollten nun etwa die kommenden Geschlechter wirklich um diese persönliche Vermittlung der Gnade verkürzt werden? Das kann sehr schwer aus der Heiligen Schrift begründet werden. Blumhardt sah es anders an; er fühlte, dass der Heiland den Seelen näher, lebendiger, fassbarer nahe sein will in der Kraft der Gnade, als man heute meint, und dass es deshalb im Großen besser kommen dürfe, müsse und solle, als es ist, dass wir das, was der Heiland unter Christentum versteht, nicht mehr oder noch nicht in der Vollkraft besitzen, und dass des Herrn Wille sei, dass die Kirche ihn unablässig darum bitte.

Den Schluss dieses Abschnittes möge die Besprechung eines Wortes bilden, das ebenso wohl in Äußerungen anderer über Blumhardt als auch wieder aus seinem eignen Munde öfter gehört werden konnte: das Wort „Priester“. Dass die Christen wieder priesterlich möchten fühlen lernen für ihre Mitmenschen, war eines der großen Anliegen Blumhardts. Und wiederum, wer immer das Wohltätige seines seelsorgerlichen Einflusses bezeichnen wollte, dem kam unwillkürlich dieses Wort in den Sinn. Es ist ein heute sehr unbeliebtes Wort, vielleicht deswegen, weil echt priesterliches Tun so selten geworden ist. Scheint es doch oft fast als Erfordernis der evangelischen Freiheit zu gelten, dass aller geistliche, religiöse Verkehr rein menschlich verlaufe. Ich ermahne, bestrafe, tröste dich, du mich, nach bestem Ermessen, ein

Tun, das ja seine Berechtigung und seinen Segen hat, aber auch seine Gefahren, wenn wir uns nicht recht ernst und kindlich den Heiland vergegenwärtigen, der eigentlich allein Recht und Kraft hat, solches Ermahnen fruchtbar und Leben wirkend zu tun.

Der Grundsatz: „Ich sage dir deine Sünde, du mir die meine“, dieser Wahlspruch der von vielen so heiß ersehnten Kirchenzucht, bei welchem gewöhnlich die erste Hälfte, „ich dir“, die beliebtere ist, dieser Grundsatz ist eine gefährliche Waffe in unseren Händen, „die wir doch arg sind“, und hat wenig an sich von dem Gepräge der durch Jesus Christus gewordenen Erlösung.

Einer der vertrautesten Freunde Blumhardts hat einmal erzählt: „Wenn Leute, die ich zum ersten Male sehe, auf frommen Stelzen gehen – je höher sie steigen, desto mehr halte ich mich zu dem Niedrigen und rede immer wieder von ihren Schulden, ihrer Ziege, ihrem Dünger, bis sie von ihrer Höhe herabsteigen, um natürlich und gewöhnlich zu werden.“

So schrieb er in einem Artikel und bemerkt noch: „Gefehlt ist's, wenn man mit der Erbauung gleich hereinfällt. Wenn man die Leute mit Bibellesen und Beten *überrumpelt,* so werden die Redlichen scheu, die Bösen lachen, die Schwachen heucheln. Ich fand einst bei einem Besuche eine schwindsüchtige, entmutigte Frau, einen Mann, der im Trunke seine Lage zu vergessen suchte, sechs Kinder in Lumpen gehüllt, eine wüste, unordentliche Haushaltung. Ich zeigte den Leuten Teilnahme, wiederholte meine Besuche, gewann ihr Zutrauen und konnte zu ihren Seelen reden. Eines Tages sagte mir der Mann: ‚Sehen Sie, Herr, lange hat uns alle Welt verlassen in unserm Elend, und da haben wir gedacht: Niemand denkt mehr an uns; es scheint, Gott hat uns verlassen; so haben wir uns immer tiefer sinken lassen. Da sind Sie gekommen und wieder gekommen, und wir haben gedacht: Hier ist doch ein Fremder, der von seiner Straße weg zu uns kommt und immer wiederkehrt; weil dieser Fremde uns nicht verlässt, so sind wir noch nicht von Gott verlassen, und es ist noch Hoffnung für uns. Da haben wir neuen Mut zu Gott gefasst.‘ Wir tun also Gottes Dienst, wenn wir die Witwen und Waisen besuchen und in der Liebe arbeiten *für* Gott und *mit* Gott.“

Hier hat einmal ein Mann das Wort, der als einer der Ersten mit ganzer Seele auf das einging, was er im Verkehr mit Blumhardt durch Besuche in Möttlingen und durch eifrige Korrespondenz empfangen und erfahren hatte. Er diente den Kranken nicht nur mit seinem Geld und seinem freundlichen Worte; er meldete kindlich und getrost ihre Leiden an Blumhardt, in kürzester Weise: „Sieben Kranke“ – und nicht umsonst.

Durch sein ganzes Wirken, seine Erbauungsstunden mit eingeschlossen, erwachte wieder in vielen, wie in dem erwähnten alkoholkranken Mann, der Mut, an einen in Jesu Christo *barmherzigen* Gott zu glauben, der Mut zur Buße und Umkehr.

Mit diesem Bild eines priesterlich fühlenden Laien ist deutlicher und friedlicher ins Bewusstsein gerufen, was gegen eine gewisse schroffere Weise, sich um des anderen Besserung zu bemühen, gesagt werden kann. Wenn man, ohne irgendein besonderes Freundesrecht zu haben, strafende Andeutungen noch so fein und herablassend sagt, so empört sich doch vielleicht der Mensch, der sich in seinem Menschenrechte verletzt fühlt, und es erscheint die ärztliche Bemühung um die Splitter im Auge des andern schwerlich in dem gewünschten Licht. „Sünden anderer“ – das war Blumhardts Regel – „weiß ich nicht, auch wenn sie mir von noch so viel Ohrenbläsern zugetragen werden; sie gehen mich nichts an, bis sie mit der Frage um Vergebung an mich gelangen; ich kenne sie nur im Lichte der Erlösung; ich habe nie zu richten, nur zu vergeben; mein Herr und Meister ist gekommen, die Welt zu retten, und nicht, sie zu richten.“

Das nannte er priesterliches Tun. Es war ihm ein Anliegen, dass wir wieder mehr priesterlich fühlen lernen der Sünde gegenüber. Wir sollten die Sünde anderer mit innigerer Zuversicht im Licht der Erlösung ansehen, um ihre Vergebung bittend und sie selbst innerlich vergebend; wir sollten vertrauen, dass der Heiland hier auf uns hört und dass es bei diesem unsern Tun auch mit dem andern sich zum Besseren wenden kann.

Vor allem sehnte sich Blumhardt danach, dass seine Amtsbrüder es glauben lernten, dass der Heiland durch sie Vergebungskräfte auf die bekümmerten Sünder ausströmen lassen will. Wie tritt doch hier dann das Evangelium wieder in ganz besonderer Weise in sein volles Recht ein und lässt sich der Heiland erfahren als der Lebendige und Freundliche und als der, der Sünden gern und ganz vergibt, sodass man spürt: Hier ist etwas *geschehen*! Das Reich Gottes steht nicht in Worten, sondern in Kraft. Erst dann steht man auch nicht *über* diesem bekümmerten Bruder, sondern *neben* ihm als der Mitgenosse der Vergebung und Erlösung.

Die Wunder

War Blumhardts Kampf, seine erste große Lebenserfahrung, von allgemeiner Bedeutung für das Reich Gottes, so folgte ihr eine zweite, größere, nicht weniger bedeutsame Erfahrung: die Bußbewegung. Beide kamen ohne sein Zutun, ohne dass er sie geahnt hätte. Und nun zeigte sich eine dritte, nicht minder schöne und fürs Große verheißungsvolle: die Wunder. Auch diese Erfahrung kam nicht durch ihn, sondern sichtlich von oben.

In dieser Aufeinanderfolge dreier großer Erfahrungen macht- und gnadenvollen Einwirkens einer höchsten Hand liegt eine schwer verkennbare göttliche Logik. Es war für Blumhardt selbst eine fast an Offenbarung grenzende Sprache Gottes, die in ihm alles übertönte und ihn wie prophetisch sicherstellte. Die dritte Erfahrung war natürlich von der zweiten zeitlich nicht scharf geschieden, wie jene von der ersten, sondern wuchs organisch aus ihr hervor.

Schon im Winter 1844, als die Möttlinger weinend und betend ins Pfarrhaus kamen, verspürten manche unter ihnen zugleich mit dem Empfang des inneren Friedens unvermutet auch Heilung von körperlichen Leiden. Ein Mann litt an einem heftigen Rheumatismus in seinem Oberschenkel, der regelmäßig alle vier Wochen besonders stark auftrat, aber auch sonst ihn außerordentlich hemmte, sodass er oft während des Gehens plötzlich zu Boden fiel. Doch er traute der Sache noch nicht und wartete auf einen der regelmäßigen schweren Anfälle. Der Rheumatismus aber war und blieb fort.

Ähnliches erlebten manche, sodass es auch Blumhardt zu Ohren kam. Dies war ihm nun ein ermutigender Wink in einer eigentümlichen Bedrängnis, in die er durch sein pristerlich-seelsorgerisches Tun geriet. Unter den Sünden, die ihm bekannt wurden, erschienen überraschend häufig auch abergläubische Heilungsversuche von allerlei Schäden und Krankheiten in allen Abstufungen, von förmlicher Zauberei bis zur feineren Sympathie.

Durch seine Erfahrungen im Kampf hatte Blumhardt vor alledem ein Grauen. Jede so erzielte tatsächliche Hilfe war ihm als Wirkung der Finsternis, der Hölle, klar geworden und als etwas, wofür furchtbar gebüßt werden muss, weil es unmittelbar gegen die Herrschaftsrechte und die Ehre Gottes geht. Aber als Blumhardt ernstlich davor warnte, solches zu tun, begegnete ihm oft die Gegenfrage: „Was sollen wir denn tun? Der Arzt wohnt so weit entfernt, oft fehlt es an Zeit, z. B. bei Verwundungen, wo das Blut gestillt werden soll, oder heftigen Anfällen, wo der Arzt meist zu spät kommt; auch verbietet uns die Armut, den Arzt so häufig in Anspruch zu nehmen."

Was war da zu raten? Blumhardt bekam aus dem Kampf und aus seinen letzten Erfahrungen die Zuversicht, zu erwidern: „So viel euch der Teufel geleistet hat, so viel wird der Heiland auch tun. Lasst es euch ans Gewissen kommen, prüft euch, ob es nicht etwa für irgendetwas eine Strafe sei, und betet, und ich will, wenn ihr es mir mitteilet, mit und für euch beten!"

Von da an trat eine wunderbare Hilfe um die andere ein. Eine in ihrer Art erste, die ihn ermutigte, auf dieser Bahn fortzugehen, erzählt er wie folgt: „Eines Morgens sprang eine Mutter herbei und rief mich plötzlich, sie habe eben über ihr dreijähriges Kind aus Versehen die siedend heiße Morgensuppe hinuntergeschüttet und wisse sich nicht zu helfen. Ich sprang hin; das Kind, das noch unangekleidet gewesen war, war über den ganzen Leib gebrüht und schrie nur einen Schrei. Die Stube füllte sich, und etliche sagten, der oder der wisse einen Spruch, man solle ihn schnell holen. Hiergegen stemmte ich mich an, den Leuten sprach ich Mut zu, hieß sie im Stillen beten, schloss das Kind in meine Arme, seufzte – und stille wurde es. Obwohl überall Brandwunden aufgefahren waren, die erst nach etlichen Tagen ganz vergingen, so hatte das Kind doch nicht die geringsten Schmerzen mehr."

Die Erfahrungen göttlicher Hilfe häuften sich, zuerst innerhalb der Gemeinde Möttlingen. Ein Elternpaar, dessen Kind sehr schlimm an den Augen erkrankt war, war unschlüssig. Sie fragten den Arzt; der erklärte eine Operation für unumgänglich notwendig. Davor zurückschreckend, gingen sie nach Calw, ihren frühem Pfarrer Dr. Barth gleichsam als Unparteiischen um Rat zu fragen, ob sie das Kind operieren lassen oder ob sie mit demselben zu Pfarrer Blumhardt gehen sollten. Dr. Barth antwortete: „Wenn ihr Glauben habt, dass der Heiland euer Kind heilen kann und will, so geht nur immer hin zu Blumhardt! Habt ihr aber den Glauben nicht, dann geht beileibe nicht, sondern lasst es operieren!"

„Nun, Glauben haben wir schon", sagten sie und gingen zu Blumhardt. Am selben Tage besserte es sich, und nach drei Tagen waren die Augen gesund. Bald strömten nun neben den Friedens- und Heilsbedürftigen auch Heilungssuchende herbei.

Von den Zeiten, die nun folgten, sagten später viele: „Wir haben den lebhaften Eindruck und die Erinnerung, dass viele Wunder geschahen, aber das Einzelne wissen wir nicht mehr, wir haben es vergessen. Es war eben damals das Wunder, die Erfahrung des tatsächlichen Naheseins des Herrn Jesu das Gewöhnliche, und die Nähe des Herrn war uns auch sonst so fühlbar, dass uns das Wunder das Natürliche war und dass wir nicht so viel Wesens daraus machten."

An jenen Sonntagen war ein Loben und Danken, zumal immer wieder neue Menschen erschienen, die für erfahrene Hilfe dankten. Gebrechen aller Art, Augenleiden, Lungenschwindsucht, Flechten, Knochenfraß verschwanden. Am größten fast war, was die Pfarrfamilie je und je an ihren eignen Gliedern erlebte, besonders auch an Gottliebin, die oft plötzlich teils äußerlich schwer verletzt, teils innerlich von einem heftigen Leiden angefallen wurde. Doch blieben die Familienerlebnisse in der Stille, und auch der Eindruck, den die Wunder überhaupt machten, blieb weit hinter dem Eindruck der Predigt zurück.

Manches von zarten Erweisungen göttlicher Freundlichkeit und göttlicher Herrlichkeit entzieht sich sowieso der Mitteilung. Von einem eine Stunde weit entfernten Ort her trug eines Sonntags ein Bursche seinen jüngeren Bruder, einen buckligen, verkrüppelten, zwerghaften Knaben, nach Möttlingen. Sonntags darauf kamen sie miteinander gegangen, doch war der Knabe noch sehr krumm. Nach kurzer Zeit war er aufrecht und gesund. „Ich habe“, sagte er, „etwas im Buckel gehabt, ich weiß nicht was, und das ist nun fort.“

Eines Samstags kam ein für die Hochschule sich vorbereitender junger Mann zu Blumhardt. Er war schwer augenkrank und sah so wenig, dass er beständig geführt werden musste, und war so empfindlich, dass das Kerzenlicht ihm Schmerzen verursachte. Abends hielt Blumhardt die vielen besonders liebe, weil traulichere und auch besonders gesegnete Samstagabendstunde, und zwar damals, in den ersten Jahren der Erweckung, in der Kirche. In dieser Abendstunde wies Blumhardt den Kranken an, er solle, um nicht von den Lichtern zu leiden, in die unerleuchtete Sakristei gehen. Er ging, und als nach Schluss der Stunde ein Licht durch die Sakristei getragen wurde, schmerzte es ihn nicht mehr. Am andern Morgen, sonntags früh, ging er allein spazieren.

Von der Heilung aller der erwähnten Krankheiten folgt hier noch ein Beispiel. Einmal zur Osterzeit kam von weit her ein lungenkranker junger Mann in kindlichster Zuversicht nach Möttlingen, hier über die Festtage gesund zu werden. Sein Arzt habe ihn aufgegeben. Seltsam stach die hohle, tonlose Stimme gegen sein lebhaftes, oft munteres Wesen ab. Er hörte sonntags die Predigt an. Nach der Predigt aber war er, der vorher das erste Wort geführt hatte, ein stiller Mann geworden; die Predigt war wie ein Pfeil des Allmächtigen in sein Herz gegangen.

„Mit mir muss es anders werden, ich muss zum Pfarrer“, murmelte er vor sich hin und fragte, ob und wann Blumhardt wohl allein zu sprechen sei. Seine Krankheit schien er vergessen zu haben. Gebrochen und still suchte er bald Blumhardts Studierstube auf. Vergnügt und fröhlich sah man ihn am Abend wieder, er war ein anderer Mensch geworden, und diese geistige Genesung war eine ganz wunderbare.

„Er war wie ein Engel unter uns", sagte später einer seiner Bekannten über sein nachheriges Leben. Er blieb noch einen Tag, dann reiste er heim und ging wieder an seinen gesundheitsschädlichen Beruf, den der Arzt als Ursache seiner Krankheit bezeichnet hatte. Er war wieder für längere Zeit gesund, sang nach Herzenslust und stand in allem seinen Mann. Nach etwa zwei Jahren starb er; an welchem Leiden, ist unbekannt.

Diese Geschichte gibt, gerade weil die leibliche Hilfe hier in so bescheidenem Gewand erscheint, einen Eindruck davon, wie natürlich und geistlich alles zuging, wie fern von allem Magischen und aller Wundersucht.

Eine Dame, seit vielen Jahren kränklich durch Rückenmarksdarre und seit 1 1/2 Jahren lahm, kam, nachdem sie mancherlei Kurorte besucht, nach Möttlingen und wohnte in einem Bauernhause unweit des Pfarrhauses. Am Sonntag ließ sie sich auf den Kirchhof tragen, um die Predigt zu hören. Am 26. August 1846 predigte Blumhardt über Zachäus (Luk. 19,1 ff.). Unsere Kranke meinte, heute habe der Pfarrer nur ihr gepredigt. Sie blieb auf dem Kirchhof liegen, um noch die sich mit kurzer Unterbrechung folgenden übrigen Gottesdienste, Kinderlehre und zweite Predigt mit anzuhören.

Am folgenden Tag ließ sie zur Mittagszeit den Pfarrer zu sich bitten, schüttete ihr Herz aus, aber nicht über ihre Krankheit. Nachmittags gegen 17.00 Uhr, als eben die Gäste des Pfarrhauses sich zu einem Spaziergang anschickten, kommt ihre Wärterin in hellen Tränen daher: „Herr Pfarrer, Sie müssen nicht erschrecken, sie ‚lauft'!"

Sofort brach die ganze Gesellschaft mit dem Pfarrer zur Wohnung der Genesenen auf. Sie kam ihnen bis oben an der Treppe entgegen. Alles versammelte sich in ihrem Zimmer und kniete nieder, um dem Herrn zu danken.

Am lebhaftesten sind natürlich die Fälle, wo Geistesgestörte geheilt wurden, in Erinnerung geblieben, um der aufregenden Szenen willen, die es oft bei solchen gab. Nur eine Geschichte, in der körperliche und seelische Hilfe ineinander griffen, sei ausführlich erzählt: Eine wohlhabende Frau, durch den plötzlichen Tod ihres Mannes schwermütig geworden und beständig Versuchungen zum

Selbstmord ausgesetzt, kam mit ihrer Mutter nach Möttlingen. Sie wohnte zuerst im „Ochsen". Aber nach einem erneuten Selbstmordversuch weigerte sich begreiflicherweise der Wirt, sie länger zu behalten. Aus großem Mitleid wagte es Blumhardt, sie zu sich zu nehmen, indem er ihr ein Zimmer in der Nähe seines Schlafzimmers anwies und ihr ein Stubenmädchen zur Wärterin gab, der er einschärfte, sie Tag und Nacht nicht allein zu lassen.

Fromm schien die Kranke eben nicht sehr zu sein; die Hausandachten behagten ihr nicht, und gegen den Pfarrer hatte sie, wie damals viele Geisteskranke, einen ausgesprochenen Widerwillen. In ihrer Nähe war auch das Schlafzimmer einer Anzahl junger Leute, die, teils wegen Nervenleiden, teils aus andern, nicht auf Krankheit beruhenden Gründen, Blumhardts Haus übergeben oder von ihm aufgenommen worden waren. Eines Morgens hört Hansjörg, wie er den „jungen Herren" etwas bringen will, im Zimmer jener Witwe ein verdächtiges Gerumpel. Er ruft nach dem Stubenmädchen und findet es unten: Es habe der Frau gesagt, es wolle nur einen Augenblick hinunter, um Waschwasser zu holen. „Marsch, hinauf, es ist etwas nicht ganz richtig!"

Sie eilt hinauf, findet die Tür verschlossen, springt hinunter auf die Straße und sieht das Fenster offen und die Witwe am Kreuzstock aufgehängt! Hansjörg öffnet die Tür mit der Axt, von deren Hieben Blumhardt und die „jungen Herrn" erwachen. Er nimmt die anscheinend völlig Leblose herunter, Blumhardt und er lösen sorgfältig das Halstuch, an dem sie erhängt war, los und legen sie aufs Bett. „Bürsten!", rät einer der jungen Herrn, der vom Vater her einige medizinische Kenntnisse und Erfahrungen hatte, und rastlos wird dieser Rat vollzogen, aber ohne Erfolg. „Sie ist tot", sagte endlich Blumhardt, „und das darf nicht sein. – Wir wollen beten."

Er und seine Frau, Gottliebin, Hansjörg knien nieder und beten. Hierauf befiehlt Blumhardt Hansjörg, ihr den Mund zu öffnen, und haucht ihr, nachdem dies gelungen war, in den Mund. Hierauf tat sie einige Atemzüge. Nachher war sie wieder wie leblos. Später brach sie in ein entsetzliches, lange andauerndes tierisches Geheul aus.

Blumhardt hatte gleich anfangs den Fall durch Eilboten an den

Oberamtsarzt berichtet. Als der nun mit einem Begleiter angefahren kam, hörte er dieses Geheul, besichtigte die gänzlich bewusstlose Kranke, sah den grässlich zugerichteten Hals und erklärte, das Geheul sei zwar bei diesen Verletzungen als Ausdruck des Schmerzes begreiflich, nicht aber als Zeichen des Lebens. „Für uns ist sie tot"; damit verließ er anscheinend hoffnungslos das Haus. Die Kranke verstummte wieder und sank in den Zustand völliger Leblosigkeit zurück. Hansjörg wich nicht von ihrer Seite.

Endlich, zur Zeit der Abendandacht, erwachte sie durch den Gesang mit dem Ausdruck sichtlichen Wohlgefallens und brach in die Worte aus: „Der Pfarrer ist doch ein lieber Mann! – Ach, bist du auch da, Fritz?", wandte sie sich an Hansjörg. Fritz hieß ihr verstorbener Mann.

„Ja", antwortete er in der Verlegenheit, die leiseste Aufregung zu verhüten.

„Ach", entgegnete sie, „das ist aber schön, dass du auch wieder da bist; ich war auch gestorben, ich war in der Hölle; aber der Pfarrer, der gute Mann, hat mich wieder herausgerufen; aber in die Hölle will ich nicht mehr."

Hansjörg sprach ihr ruhig zu, und allmählich beruhigte sie sich etwas.

Um zehn Uhr kamen Mose und ein weiterer Mitarbeiter, um Hansjörg abzulösen. Sofort geriet die Frau in große Aufregung. „Fort, fort mit euch! Ich will nicht mehr in die Hölle! Die wollen mich wieder in die Hölle führen! Nicht wahr, Fritz, du bleibst doch da?"

Sie gingen also wieder, und Hansjörg blieb da; aber lange, lange lamentierte die Frau aufgeregt über die Männer, die sie wieder hätten holen wollen. Endlich entschloss sich Hansjörg zu einer leisen List. „Liebe Frau", sagte er, „meinst du nicht, es wäre besser, du würdest jetzt ruhig sein und ein wenig zu schlafen versuchen?"

„Ja, Fritz, ich danke dir, du kannst Recht haben", war die Antwort, und bald lag sie in einem gesunden Schlaf. Gegen fünf Uhr morgens erwachte sie: „Ach, Sie sind da, Herr Hansjörg?"

„Ja."

„Sonderbar, ich habe Sie vorher für meinen Mann angesehen."

Hansjörg machte ihr nun sanfte Vorstellungen: „Wissen Sie auch, was Sie getan haben? Wie haben Sie so etwas tun dürfen?"

„Ja, ich weiß es wohl. ... Immer hab' ich gedacht: Wenn nur einmal das Mädchen einen Augenblick hinausginge!, und die ganze Nacht hieß es immer: ‚Schau diese Halsbinde, mit der kannst du dich erhängen.' Aber ich tue es nicht mehr, nein, ich weiß jetzt, wo die Selbstmörder hinkommen; ich bin in der Hölle gewesen, da will ich nicht mehr hin. O der Herr Pfarrer ist doch ein braver Mann!"

Bald war sie völlig gesund an Leib, Seele und Geist. Nach einem Vierteljahr heiratete sie wieder und blieb eine fleißige Besucherin der Möttlinger Kirche.

Solche Heilungen eigentlich Geisteskranker kamen reichlich und in sehr auffallender Weise vor. Viele Kranke stellten sich aus eigenem Antrieb ein, wobei oft ein wunderlicher Zwiespalt zwischen ihrem kranken Wollen und Tollen oder widrigen Tun und zwischen dem festen Wollen ihres Geistes, gesund zu werden, zutage trat.

Einmal kam ein Mann in lauter Purzelbäumen in den Pfarrhof gerollt. Er war auf diese ungewöhnliche Manier auf eigne Faust von Calw hergekommen. Er wurde gesund. Ein junger, wohlhabender, intelligenter Bauernsohn war im Militärdienst unter die Hand eines harten und ihm von Anfang an nicht wohlgesinnten Unteroffiziers gekommen, dem er nichts recht machen konnte. Je zorniger der Lehrmeister wurde, desto dummer wurde der Schüler, und umgekehrt, wie dies leider nicht selten ist. Hier endete die Sache damit, dass der Bursche den Verstand verlor und nichts anderes mehr sprechen konnte als in einem fort im Dreiachteltakt: hm, hm, hm, eins, zwei, drei. So stellte er sich auch dem Pfarrer vor und klagte ihm seine Not mit den Worten: „Hm, hm, hm, eins, zwei, drei, hm, hm, hm, eins, zwei, drei!"

Es lag eine erschütternde Beredsamkeit in dieser Sprache. Sonnabends war er gekommen, ging noch abends in die Sakristei zur Samstagabendstunde, sonntags besuchte er die Gottesdienste, die Woche über blieb er in Möttlingen, sich mit Holz spalten beschäftigend, um noch einen Sonntag mitmachen zu können. An jenem zweiten Sonntag genas er völlig.

Die Sakristei war gewöhnlich eigentümlich bevölkert: Epileptische und Geisteskranke waren oft in kleinerer oder größerer Anzahl dort versammelt. Blumhardt war hierin einerseits gegen die Kranken sehr weitherzig, andererseits stellte er an die Gesunden, den Kranken gegenüber, höhere Anforderungen, als man sonst gestellt zu sehen pflegte. „Ihr dürft nicht erschrecken, nicht zu viel aus der Sache machen, schon um euretwillen nicht; *betet* nur für die Kranken, wenn ihr einen Anfall seht!"

Besonders verbot er auch, den Kranken gegenüber mit allerlei Schreck und heftig geäußertem Mitleid zu viel Wesens aus ihrem Leiden zu machen und sie dadurch zu entmutigen. Sogar die Kirche war Geisteskranken nicht völlig verschlossen; die Gemeinde durfte wissen, dass sie eine ecclesia militans, eine streitende Kirche ist, und sollte fürbittend helfen. Da kam allerdings mitunter eine aufregende Störung vor, worüber er sich wohl durch den Umstand entschuldigt fühlen durfte, dass ähnliche Störungen des Gottesdienstes auch in den Evangelien erzählt werden.

Einmal, als mitten in der Predigt ein Mann sich erhob und in Knittelversen zu lästern anfing, ließ Blumhardt einen Liedvers singen, worauf der Mann sich beruhigte. Ein andermal stürzte ein Kranker unter heftigen Zuckungen wie tot zu Boden. Die Nahestehenden wollten ihn aufheben; Blumhardt befahl, ihn liegen zu lassen, und predigte weiter. Einmal rief ein solcher Kranker, den man nicht in die Kirche gelassen, von außen herein: „Machen Sie nur so fort, so kriegen Sie noch die ganze Welt!"

Alle diese erwähnten Fälle endeten mit Genesung. Blumhardt selbst wagte in dieser Beziehung auch für seine Person nicht wenig. Manch einen Tobsüchtigen oder sonst heftig Aufgeregten wandelte je und je die Lust an, sein Mütchen am Pfarrer zu kühlen. So konnte ein baumstarker Mann, in der Sakristei zunächst an der Kanzeltreppe sitzend, zum Glück seine Pläne nicht für sich behalten: „Des Mannle will ih glei über d'Kanzel hinunter habe!", flüsterte er, indem er sich erhob. Er wurde gerade noch rechtzeitig vom „Hausvogt“ Hansjörg, der eine große Autorität über solche Leute besaß, beruhigt.

Zwei Fälle seien noch erzählt, die miteinander insofern verwandt sind, als in beiden die Krankheitsursache in falscher Geistlichkeit und übertriebener vermeintlicher Frömmigkeit zu suchen war. Ein Knabe hatte in der Kinderstube seinen Geschwistern halb spielend zu predigen angefangen. Die Eltern hörten bewundernd zu. Das ermutigte ihn. Er machte es immer feierlicher und ernstlicher, endlich wandte er sich auch an die Eltern, ihnen Buße predigend. Die Eltern zerflossen in Tränen, auch andere Leute wurden aufmerksam und strömten herbei, und immer größer wurde das Aufsehen über das vermeintliche Prophetchen.

Bald jedoch machte eine eigentümliche Geistes- oder Nervenkrankheit der Prophetenherrlichkeit ein Ende. Er wurde stumm und völlig geisteskrank. Die Ärzte, ratlos, wiesen die Eltern mit dem Knaben zu Blumhardt. Als Blumhardt die Vorgänge vernommen und der Knabe ihm gebracht wurde, donnerte er ihn an: „Wie heißt das vierte Gebot?“, und wiederholte, als nichts aus dem Mund des Knaben herauswollte, gebieterisch die Frage, bis er richtig mühsam herauszwängte: „Ehre Vater und Mutter!“ Dann las er ihm in hellem Zorn die Leviten, namentlich darüber, dass er sich unterstanden habe, seinen Eltern Buße zu predigen, aber auch über sein Predigen überhaupt, und fügte hinzu: „Wenn Gott deinen Eltern will Buße predigen lassen, so wird er jedenfalls nicht dich dazu brauchen.“

Der Knabe genas rasch ...

Der andere Fall ist folgender: Eines Tages kam eine Frau zu ihm aufs Zimmer mit der Frage: „Herr Pfarrer, was halten Sie von Erscheinungen und Offenbarungen? In der letzten Kinderlehre konnte ich merken, dass Sie denselben ohne Ausnahme misstrauen und nichts darauf halten. Das ist irrig und unrecht von Ihnen.“

Hierauf erzählte sie, wie sie, fast lebenslang kränklich und zur Arbeit untauglich, seit einiger Zeit von Gott mit einem wunderbaren Ersatz getröstet worden sei. Sie sehe sich fast beständig von einem hellen Licht umgeben. In diesem Licht sehe sie manchmal Jesus und vernehme, wie er teils mit ihr, teils aber auch mit Gott dem Vater rede. Mitunter höre sie auch den Vater dem Sohn antworten. Was sie vom Inhalte dieser Gespräche mitteilte, hatte etwas seltsam Geistreiches.

Blumhardt erinnerte sich nun, von dieser Person schon gehört zu haben, sowie auch, dass sie von manchen, denen man einiges Urteil in solchen Dingen zugetraut hätte, für eine hochbegnadete Seherin gehalten werde. „Ich dachte", erzählte er, „hier muss ich aus dem Effeff reden", und antwortete kurz: „Das ist alles vom Teufel!"

Hoch entrüstet stürmte die Frau zur Tür hinaus. Am nächsten Tag kam sie wieder, in Tränen, ihm für ihre *Genesung* zu danken. Allerdings sei sie höchst erzürnt und gekränkt von ihm fortgegangen. Aber von Stund an sei das Licht fortgewesen, sie habe nichts Besonderes mehr gesehen und gehört, aber nicht nur das, sondern sie habe jetzt den ganz klaren Eindruck, dass alles Krankheit und böser Trug gewesen, und dass sie jetzt gesund sei. Von einem geistlichen Hochmut ohne Grenzen war sie mit tiefer Beschämung zu schlichter Demut geheilt.

Die Wunder geben übrigens, wenn sie so aus dem Zusammenhang des täglichen Lebens herausgerissen werden und sich aneinander gedrängt dem Blick darbieten, nicht jenen lieblichen, fast traulichen Eindruck von einer ebenso freundlichen wie heiligen Nähe des Herrn, den sie damals gemacht, als sie gleichsam die Blüten waren auf dem Felde des täglichen Lebens. Um diesen Eindruck wiederzubekommen, muss man sich in die Gemeinde Möttlingen versetzen, wo man in schlichtester Weise in allerlei Krankheitsnot bußfertig und gläubig sich zum Herrn wandte und ebenso still und schlicht immer wieder seine Hilfe erfuhr.

Irgendwelcher Zwang wurde nie ausgeübt. So schrieb Blumhardt Februar 1846 von sich selbst einem Amtsbruder, der ganz auf Blumhardts Gedanken eingegangen war: „In Deinen eigenen Übeln musst Du Dir es gefallen lassen, wenn sie nicht so schnell weichen; ich hatte auch mancherlei an mir und bin noch nicht von allem frei und musste eben der Zeit erharren. So hatte ich im ganzen vorigen Sommer einen rauen Hals und Husten, ebenso ein Übel im Achselgelenk, das mir fast den Arm unbrauchbar machte, und dgl. mehr. Ich musste es behalten, in der Hoffnung, es werde schon noch gehen, jetzt ist es weg, darum lässt es sich nicht durch Gebet erzwingen, nur muss die Hoffnung bleiben, dass es nicht lebenslänglich andauern werde, wenn es einmal dem Herrn befohlen ist."

Was sagte zu dem allen aber die Kirchenbehörde, für die er ein nicht geringes Problem geworden war? Es fehlte nicht an Geistlichen und Ärzten, die sich beeinträchtigt fühlten, und außerdem wehte vor 1848 in den höheren Regionen der deutschen Staatsregierungen eine allem „Pietismus" abholde Luft, eine fast misstrauische Geringschätzung aller Äußerungen lebendigen Christentums.

Die Schwierigkeiten wurden durch zwei Dinge erleichtert: für die Behörde durch Blumhardts Takt, für Blumhardt durch allerlei freundliche Fügungen. Blumhardt hatte ein scharf ausgeprägtes Gefühl für die Pflichten gegen die Obrigkeit. So tapfer er auch, wenn es Not tat, seine Stellung zu wahren verstand, so gewissenhaft dachte er sich auch in die Lage der Behörde hinein; ja in aufrichtiger Ehrerbietung suchte er womöglich von ihr sich belehren zu lassen und hütete sich wohl, in eigenmächtiger, schwärmerischer Weise das Wort: „Man muss Gott mehr gehorchen als den Menschen", zu seinen Gunsten zu missbrauchen – so sehr ihm das auch oft von allerlei Heißspornen nahe gelegt wurde. Dafür hatte er denn auch den Segen, dass sich die Gefahr ernster Konflikte wesentlich milderte, sowohl durch das wohlwollende Vertrauen, das er seitens seiner kirchlichen Oberbehörde von Anfang an genoss, als auch durch allerlei freundliche Fügungen, die geeignet waren, seine Oberen in ihrem Vertrauen in ihn zu bestärken. So fügte es sich, dass das maßgebendste Mitglied der Behörde, Konsistorialdirektor Knapp aus Stuttgart, ein ihm entfernt verwandtes Mädchen in Blumhardts Hause die Haushaltungskunst erlernen lassen wollte. Amtliche Gründe mögen ihm schon den Wunsch nahe gelegt haben, gelegentlich einmal vom Pfarrhaus Möttlingen persönlich Einsicht zu nehmen, denn vom „Kampf" sowohl als von den Erweckungen und ihren Besonderheiten war dem Konsistorium schon genug zu Ohren gekommen, um sich genaueren Aufschluss wünschen zu müssen. Am Ostermontag 1844 brachte er in eigener Person die Lehrtochter ins Pfarrhaus, und Knapp war ein

Mann, gerade recht für Blumhardt, ein Jurist, „fest, kalt und verständig".

„Ich machte mich", schreibt Blumhardt, „gleich ans Hauptgeschäft und deklarierte ihm meine Satansgeschichte. Er schauderte, und auf meine Äußerung: ‚Diese Dinge kann ich wohl nicht schriftlich machen', sagte er: ‚Nein, das können Sie nicht.' Somit bin ich einer schriftlichen Erklärung gegen das Konsistorium überhoben, wie ich denke.

Noch mehr! Er sah das Gedränge und Gelaufe, namentlich der Fremden, dass ich immer wieder von ihm wegspringen musste und kaum eine Viertelstunde einmal ungeniert bei ihm sein konnte. Das gab Anlass zu einer festen Erklärung über meine Praxis und die Gebrechen der Kirche in solcher Hinsicht. Er wollte anfangs nicht recht dran; denn das katholische Absolvieren oder das Päpsteln fürchtet er natürlich auch. Indessen merkte er, was bei mir herauskam, und – was geschah? Von freien Stücken bot er sich an, mich zur Brüderkonferenz, einer Versammlung der Bauern, zu begleiten. Da sprach ich nun auch in seiner Gegenwart, die Möttlinger gaben Zeugnis, und kurz und gut: Knapp wurde befriedigt und schied auf eine Weise, dass ich an ihm gewiss eine Stütze habe. Das hat der Herr getan!"

Namentlich scheint Knapp die Zuneigung der Bauern zu Blumhardt Eindruck gemacht zu haben.

Solche persönliche Einsichtnahme war in der Tat zur Beurteilung der Erfahrungen Blumhardts hoch vonnöten. Konnten doch gerade jene so überaus häufigen und zahlreich besuchten Versammlungen den Schein von Ungesundem erwecken. Man konnte sie sich aus der Ferne kaum anders denken als ein bald fieberhaftes, in eitles Geschwätze ausartendes Treiben, wie es kaum jemandem so zuwider war wie Blumhardt. „Es ist misslich, wenn Geistliches ohne Geist getrieben wird", bemerkte er einmal über solches Treiben.

Wie natürlich, herzlich, gesund, nüchtern, gewissermaßen dem „allgemeinen Menschen" zusagend sie bei aller Feierlichkeit des Geistes waren, das musste man eben sehen.

In etwas spätere Zeit fällt ein anderer Besuch, der geeignet war, die Luft für Blumhardt in den höchsten Regionen zu reinigen, und der ihm wohl auch noch später, bei Erwerbung des Bades Boll, zustatten kam. Eines Sonntagmorgens kamen zwei Herren von Märklingen heraufspaziert, der eine sichtlich in dienstlicher Stellung zum andern, und quartierten sich im „Ochsen" ein. Jener „andere" besuchte die Kirche, wo er ein knappes Plätzchen neben der Orgel erhaschte, nicht das angenehmste, denn der schwerhörige Organist mutete sowohl dem armen Instrument als auch den Ohren der Zuhörer Erstaunliches zu. Ebenso besuchte er den Nachmittagsgottesdienst, und zwischenhinein spionierte er fleißig, bald im Pfarrgarten, von wo man die herbeiströmenden Bauersleute sah, bald im Pfarrhof selbst unter diesen Leuten, bald auch hinter dem Pfarrhaus auf dem Gottesacker. Schon in der Morgenpredigt hatte ihn ein frisch von Stuttgart her in Urlaub befindlicher Rekrut erkannt und zu Hansjörg gesagt: „Weißt du, wer der Herr dort auf der Orgel ist?"

„Nein."

„Das ist der *König!*"

Nach der Kirche sagte Hansjörg zu seinem Pfarrer im Studierzimmer, zum Fenster hinaus auf den draußen spazierenden Herrn zeigend, der Rekrut sage, es sei der König. Blumhardt blickte hinaus: „Der könnte wahrhaftig Recht haben, das ist der König."

Weiter geschah nichts, wohl nicht nur wegen des sonstigen Gedränges, in dem Blumhardt sich durch die Leute befand, sondern noch mehr, weil der Herr es selbst zu wünschen schien, unbeachtet zu bleiben. Abends holte ein stattlicher Wagen die beiden Herren nach Weilderstadt ab. Ob er es war? Man hat nie Näheres darüber vernommen.

Ganz ungehemmt von der Obrigkeit blieb er freilich nicht. Im Januar 1844 verbot ihm das Ministerium, „Heilungen in das Gebiet des Seelsorgers hinüberzuziehen, statt auf den Arzt zu weisen".

Blumhardts Antwort hatte 12 Seiten und lautete am Schluss: „Ich werde keinem Fremden mehr die Hand auflegen, keinen über den Sonntag hier lassen, kurz, mit keinem mehr tun als mir sein Übel sagen lassen, ihn etwa ermahnen und dann ziehen lassen. Wenn aber dennoch Heilungen, weil Gott sich die Hand nicht binden lässt, fortdauern und der Zulauf, so will ich mich vor jedem Vorwurf des Ungehorsams zum Voraus verwahrt haben."

Der übrige Teil des Inhaltes, der „ernstlich gelautet" habe, ist nicht bekannt.

Im Mai desselben Jahres ging er – um dem Konsistorium in seiner großen Verlegenheit entgegenzukommen –, noch einen bedeutenden Schritt weiter. Er erzählte jenem Freund in einem Brief vom 18. Juni 1846 Folgendes: „Sonst kann ich sagen, dass alles vorwärts geht, obwohl äußerlich eine Stockung eingetreten ist. Seit etwa vier Wochen nämlich lasse ich mir von den Leuten keine Leiden mehr sagen; mit dem Kirchenbesuch müssen sie sich allein begnügen. Seit ... lasse ich mich sogar von den Fremden gar nicht mehr sehen. Das alles, weil ich sonst alles aufs Spiel setze. Ich tue es freiwillig ... In der Kirche geschieht dennoch manches, nur fehlt es mir am Glauben, und der Zulauf der Kranken hat bedeutend abgenommen. Das Konsistorium fühlt sich in großer Verlegenheit."

Was Blumhardt hier so schlicht erzählt, war herzbewegend zu erleben und hat ihm viel Kummer gemacht. Es war bei allem Niederschlagenden erhebend oder ergreifend, wie er von der Kanzel herab verkündete, er habe nun versprochen, niemand Gemeindefremden mehr ins Pfarrhaus hereinzulassen. „Ihr Kranke kommt nur in die Kirche und klagt dem Heiland euer Leiden und merkt euch, was gepredigt wird. Meine und der Gemeinde Fürbitte soll euch nicht fehlen. Dass ich euere Leiden kenne, das ist ja nicht nötig."

Das war groß gedacht und gesprochen, aber die Ausführung war herb. Es kamen eben immer wieder Neue, welche die Ankündigung nicht gehört hatten. Der „Hausvogt" Hansjörg verwandelte sich, sehr wider Willen, in einen Cerberus, der unerbittlich die Scharen der sich Herandrängenden zurückwies. Als an einem der folgenden Sonntage Blumhardt vom Wohnzimmer aus die Hilfe suchenden Bauern fast in Reih und Glied vor dem Pfarrhause sah, sagte er, heiße Tränen in den Augen: „O das arme Volk! Ihr Herrn, ihr Offiziere, Studenten, Kaufleute, ihr habt es gut, euch wehrt niemand, aber das arme Volk, das darf nicht, über das wird eben verfügt!"

Einmal kam ein Bauer die Treppe herauf, der – so schien es – sich hindurchzuschmuggeln gewusst hatte. Blumhardt wollte ihn zurückweisen. „Ja, Herr Pfarrer“, war die Antwort, „mir fehlt nichts mehr, ich habe nur danken wollen.“

„So, das ist nett.“

„Ja, Herr Pfarrer, es hat mir etwas gefehlt, arg viel, es war ...“

„Nun, das begehre ich nicht zu wissen; also, es hat euch etwas gefehlt?“

„Ja, Herr Pfarrer, und ich habe es gemacht, wie Sie es gesagt haben, und bin in die Kirche gegangen und hab' aufgemerkt, und jetzt fehlt mir nichts mehr.“

Das fortdauernde Zudrängen der Hilfesuchenden zur Haustür mag aber noch einen andern Grund gehabt haben als nur Unkenntnis des Verbotes. Der Hausvogt war nämlich, so weit es seine Pflicht erlaubte, doch ein recht gutmütiger Cerberus. Musste er seine Ohren den Klagen der Leute über ihre Leiden verschließen? Und wenn er dann wieder auf des Pfarrers Studierzimmer war – durfte nicht sein Mund überfließen von dem, des sein Herz voll war? War doch dieser Instanzenweg, durch welchen hindurch die Klagen der Leute zu den Ohren Blumhardts gelangten, kompliziert genug, um bei etwaigem Gesundwerden der Leute jede Ungesetzlichkeit zu vermeiden.

Ohne Reibung ging es freilich zwischen der Kirchenbehörde und Blumhardt nicht ab. Das Konsistorium, von Ärzten, Geistlichen und Zeitungsschreibern, und Blumhardt, vom Andrang des Elends in die Enge getrieben, vermochten sich kaum in einer gemeinsamen Auffassung der neuen Erscheinungen zu finden. Jene „Teilung der Arbeit“, nach welcher heute unser Leib der Obhut des ärztlichen Standes anvertraut und dem geistlichen Stande die Währung rein geistlicher Interessen überlassen ist, schien eine Zeit lang so sehr das Ideal des Konsistoriums zu sein, dass ihm jeder Einfluss von Religion auf leibliche Genesung – besonders, wenn er augenfällig wiederholt sich einstellte – missfällig war und als eine mutwillige Störung jener harmonischen Arbeitsteilung erschien. Deshalb sollte die Religion nur trösten, den Segen des Leidens, den Wert der Geduld beleuchten. Wo aber diese Belehrung sich in die Zumutung ausspitzen wollte, Blumhardt solle einfach alle Hilfesuchenden nicht nur von sich, sondern auch von der Hoffnung auf unmittelbare Hilfe des Herrn weg und ausdrücklich an die Ärzte weisen, da fühlte er das Maß seiner Gehorsamsfähigkeit erschöpft, zumal nur solche Kranke zu ihm kamen, deren Leiden jeder ärztlichen Hilfe bisher gespottet hatten. Er erinnerte sich der zu seinem Erfahren stimmenden Anschauung der Heiligen Schrift, aber auch seiner bürgerlichen Freiheit, nach der er, wie jeder Bürger, seinen Rat nach seinen Überzeugungen bemessen dürfe, und fand: eine solche Zumutung sei noch nie einem Geistlichen gemacht worden. Und in der Tat, dass er auf Wunsch des Konsistoriums den Möttlingen besuchenden Fremden, mit Ausnahme seiner Hausfreunde, das *Übernachten* in Möttlingen verbiete, das war nicht nur eine befremdlich starke Zumutung an sein *Wollen,* sondern es schrieb ihm auch eine Macht zu, wie sie heutzutage nicht einmal der weltlichen Ortsbehörde, geschweige denn – dem Geistlichen zu Gebote steht.

Blumhardts Gehorsam gegen solche Verfügungen war denn allerdings auch, wie es in der Natur der Dinge lag, sehr elastisch. Dennoch wollte er dem Grundsatz: „Keine vorhandene Ordnung stören!“, gehorsam sein und war es auch. Es schmerzte ihn deshalb doppelt, dass er einmal „wegen Ungehorsams“ in Gegenwart zweier als Zeugen zugeordneter Amtsbrüder durch das Dekanat eine Rüge des Konsistoriums hinnehmen musste.

Aus jenen Zeiten der Einschränkung mögen noch zwei freundliche Erfahrungen erzählt werden. Die Erstere erzählt Blumhardt selbst:

Ein Kandidat der Medizin, Steinkopf aus Stuttgart, war im Frühling 1846 eines Samstags oder Sonntags mit der ausgesprochenen Absicht nach Möttlingen gekommen, diese Heilungen zu untersuchen und dem wahren Sachverhalt auf die Spur zu kommen. Er logierte im „Ochsen“; ins Pfarrhaus ging er absichtlich nicht. In jenem Gartenhäuschen, dessen Giebel von Barths kunstfertiger Hand mit einem Farbenbild, dem Spaziergang Jesu mit den zwei Jüngern nach Emmaus darstellend, geziert war, saßen einige junge Leute aus allen möglichen Gegenden nach dem Morgengottesdienst zusammen. Dorthin kam auch dieser junge Mann in großer Aufregung: Er habe soeben unter den Leuten, welche die Kirche verließen, eine frühere Patientin der Tübinger Klinik erkannt, die dort als unheilbar entlassen worden sei. Auf die Anrede: „Was, Magdalena, seid Ihr auch da?" habe sie geantwortet: „Ja freilich, ich bin gesund geworden", und allem Anschein nach sei sie wirklich gesund.

Auf die Frage: „Wie?" habe sie gesagt, sie sei voriges Jahr zwei- oder dreimal nach der Kirche beim Pfarrer gewesen, ihm ihre Leiden zu klagen und ihm zu berichten, wie es seither gehe, und so sei sie genesen. Seinem Vorsatz treu, verfolgte der Medizinstudent die Sache weiter, veranlasste die Magdalena, mit ihm ins Pfarrhaus zu gehen, stellte sich dem Pfarrer vor mit offener Darlegung des Zwecks seines Besuches in Möttlingen, erbat sich ein Zimmer und untersuchte die Kranke mit Blumhardts Erlaubnis. Über den Befund stellte er folgendes Dokument aus:

„Maria Magdalena Rapp von Enzthal bei Wildbad, jetzt 35 Jahre alt, wurde im März 1844 in die Medizinische Klinik zu Tübingen aufgenommen, wegen eines Blasenausschlags (Pemphigus). Sie wurde mit verschiedenen Mitteln behandelt, indem die Blasen zwar oft auf einige Tage verschwanden, aber immer wieder an den verschiedensten Stellen des Körpers von neuem auftraten. Auf den Gebrauch von Arsenik verschwand der Ausschlag gänzlich, und die Kranke war einige Tage völlig frei; es traten aber im Winter 1844 bedeutendes Blutbrechen, blutige Stühle und Magenschmerzen ein. Die Kranke konnte von da an, ohne Zweifel infolge einer chronischen Magenentzündung, keine einzige warme Speise mehr ertragen. Die Anfälle von Blutbrechen traten regelmäßig alle 3–5 Wochen ein, und einige Male wurde infolge davon die Kranke an den Rand des Grabes gebracht. Der Ausschlag aber stellte sich mit der alten Hartnäckigkeit wieder ein. Sie wurde in einem nach dem Urteile aller sie beobachtenden Mediziner völlig hoffnungslosen Zustande im Juli 1845 entlassen und gebrauchte nun als letztes Mittel einige Wochen hindurch das Wildbad, das aber nicht den

geringsten Erfolg hatte. Bis Dezember blieb der Zustand gleich, und die Kranke suchte jetzt bei Herrn Pfarrer Blumhardt in Möttlingen Hilfe. Schon nach dem ersten Besuch fühlte sie sich bedeutend erleichtert, und nachdem sie noch ein- bis zweimal bei Herrn Blumhardt gewesen, verschwanden im Verlauf von drei Monaten alle Krankheitssymptome völlig, und der Unterzeichnete fand die Kranke vollkommen hergestellt zu seiner großen Verwunderung im Mai 1846 in Möttlingen, wo sie die Kirche besuchte.
Die ausführliche Krankheitsgeschichte befindet sich im Klinikum in Tübingen, und die Kranke musste nach so lange fortgesetzter erfolgloser Behandlung als durchaus unheilbar gehalten werden.

Die Wahrheit des Vorstehenden bezeugt
Möttlingen, den 24. Mai 1846."
K. Steinkopf, med. cand.

Die andere Geschichte ereignete sich nach dem Mai 1846. Eines Samstags kam eine Frau mit einer krampfhaft geschlossenen Hand, die Fingernägel seien ihr in den Ballen der Hand hineingewachsen gewesen. Sie war vorher in Tübingen erfolglos behandelt worden. Sie wollte ins Pfarrhaus, wurde aber abgewiesen; doch erfuhr Blumhardt auf dem uns bekannten Weg von ihren Gebrechen. Abends ging sie in die Abendstunde. Des andern Morgens schreitet sie siegreich den Pfarrhof hinauf zum Hausvogt: „Jetzt *will* ich aber zum Herrn Pfarrer!"

„Ja, gute Frau, das geht eben nicht!"

„Warum nicht?", antwortete sie und – streckt ihm die geöffnete, flache, völlig genesene Hand entgegen. Gestern in der Abendstunde sei sie ihr aufgegangen. In ihrem Übermut ging sie leider auch nach Tübingen, um ihren früheren Behandlern, allerdings nicht sehr taktvoll, die genesene Hand zu zeigen. Da kam sie freilich übel an. Sie musste nun eben eine Betrügerin sein! Blumhardt beschwichtigte ihren Unmut, „sie solle nur heim, stille sein und zuerst sich selbst bekehren".

Solche Wunder geschahen noch manche, und bei diesen musste doch wenigstens das Gerede von einer „magnetischen Kraft“ Blumhardts verstummen. Immerhin nahm von nun an der Zudrang der Leute bedeutend ab, denn die persönliche Unterredung mit Blumhardt, die ihnen nun versagt war, war ihnen doch an „ganz Möttlingen“ das Schönste und Größte gewesen. Seine Worte des Trostes, der Ermahnung, der Strafe, der Vergebung, an den Einzelnen gerichtet, waren von einer Kraft begleitet, die man erfahren musste. Namentlich für das Bedürfnis nach priesterlicher Seelsorge, das in tausend Herzen unerkannt schlummert und nun allerorten mächtig erwacht war, war nun auch der einzige Ort, wo man Verständnis und Befriedigung fand, verschlossen. Das war schwer. Wer einmal angeknüpft hatte, wie viel wollte auch er immer wieder bringen für seine stets wechselnden Lebensverhältnisse und neuen Beziehungen zu den Menschen!

Aber auch für die Leidenden war es sehr schwer, dass ihnen diese Tür fortan verschlossen war. Wohl stand dem Glauben noch diese Tür bereit. Aber was fehlt dem Gemüt, nachdem der so natürliche, dem Leidenden so wohltuende Austausch der Gefühle zwischen dem Betrübten und dem Tröstenden untersagt war! Die Zeiten wurden immer stiller, zumal als dann das Teuerungsjahr 1847 kam und ihm das Jahr der politischen Aufregung, 1848, folgte. Blumhardts direkter Verkehr mit den Leuten außerhalb seiner Gemeinde nahm ab, dafür erwuchs ihm mehr und mehr ein seelsorgerischer Beruf an den so genannten „besseren Ständen“, woraus allmählich eine Hausgemeinde von allerlei hilfsbedürftigen Gästen wurde.

Einige persönliche Erlebnisse Blumhardts aus dem Sommer 1844 mögen hier noch Raum finden.

Blumhardt war mit einer Schar Möttlinger an einem Feiertag ins benachbarte Ostelsheim zu einem Missionsfest gegangen. Nach Schluss kehrte er, von dem dortigen Pfarrer und zwei Möttlingern begleitet, den Übrigen voraus, nach Möttlingen zurück. In seine großen Erfahrungen versunken, dichtete er im Stillen folgenden Liedervers, den er seinen Gefährten mitteilte:

„Jesus ist der Siegesheld, der all' seine Feind' besieget;
Jesus ist's, dem alle Welt bald zu seinen Füßen lieget;
Jesus ist's, der prächtig kommt und die Seinen zu sich nimmt."

Die beiden letzten Zeilen dieses ihm lebenslang teuren Verses veränderte er später in Boll folgendermaßen:

„Jesus ist's, der kommt mit Pracht
und zum Licht führt aus der Nacht."

Sie waren unterdessen an einem romantischen Plätzchen, Kirchplatz genannt, angelangt und sangen diesen Vers nach der bekannten Melodie: „Großer Gott, wir loben dich."

Mit einem Mal war es, als stimmten vom nahen Wald her Hunderte von Stimmen jubelnd mit ein und so gewaltig, dass die beiden Möttlinger vor innerer Bewegung verstummten. Blumhardt aber habe mächtig weitergesungen. Als Blumhardt heimkehrend die Seinen begrüßte, teilte ihm nicht weniger bewegt Gottliebin den Vers mit, den er soeben gedichtet und gesungen hatte.

Die andern Erlebnisse sind Erfahrungen göttlicher Bewahrung gegen feindliche Nachstellungen nach seinem Leben. Feinde hatte Blumhardt sonst kaum, aber sein mannhaftes Zeugen und Wirken gegen die Schleichwege des Aberglaubens scheint ihm die tödliche Feindschaft einer kleinen Anzahl Menschen zugezogen zu haben. Es zeigte sich in jener Zeit eine verborgene Emsigkeit versteckter Feinde, ihm nach dem Leben zu trachten, sodass einige Zeit sogar nächtliche Patrouillen auf Anordnen der Behörde sein Haus bewachten.

Schlimm war es in dieser Beziehung im Juli 1844. Jede Nacht hörte man Männertritte in den Gängen des Hauses, so sorgfältig man auch jeden Abend alle Räumlichkeiten des Pfarrhauses durchstöberte, wie auch die Haustüren verriegelte. Man gewöhnte sich daran, da man sonst nicht weiter belästigt wurde. Ebenso erging es den Bewohnern des Pfarrhauses, als sie in einer Nacht allerlei Geräusch in der benachbarten Scheune vernahmen. Blumhardts Mutter war damals bei ihm zu Gast, und für ihre Abreise war auf früh am Morgen ein

Wagen bestellt. Als der Kutscher des Morgens rechtzeitig kam, bemerkte er Rauch, der durch das Scheunentor hervorquoll. Ein junges Mädchen, das im Pfarrhaus in Pension war, von ihrer englischen Mutter her im Dorf die Engländerin genannt, eilte hin, überzeugte sich von der Gefahr und sprang mit dem Warnruf ins Dorf: „Feuer!"

Sofort füllte sich der Pfarrhof mit Menschen, Jung und Alt aus dem Dorf, und einer wunderlichen Auswahl von mit Wasser gefüllten Gefäßen. Der Ochsenwirt übernahm mit großer Geistesgegenwart das Kommando dieser Feuerwehr und befahl, sobald er die Tür geöffnet habe, ein etwa hervorbrechendes Feuer sofort zu löschen. Mit Mühe und Kunst öffnete er die Tür, und es zeigte sich ein Berg von Stroh, aus dem sofort die Flammen herausbrachen, die augenblicklich gelöscht wurden. In dem Stroh befanden sich vier bis sechs Päckchen mit Zündhölzern, die einen verkohlt, die andern unversehrt.

In der ganzen Scheune hie und da zerstreut fanden sich kleinere Ansammlungen von leicht entzündlichen Stoffen, darunter Dutzende von Zündholzpäckchen. Eine große Anzahl war noch unversehrt.

Besonders sinnreich war eine dieser Brandeinrichtungen. In einen Kübel waren lange Bohnenstangen gestellt, deren Spitzen genau gegen den Boden des Schlafzimmers Blumhardts gerichtet waren. Sie waren bis auf die Höhe von einem halben Meter verkohlt. Nicht ohne Bewegung las Blumhardt, nachdem der Schrecken, der ihn übrigens kalt gelassen hatte, vorüber war, die Tageslosung Jesaja 54,17: „Jeglicher Waffe, die wider dich bereitet wird, soll es nicht gelingen."

Im selben Monat, am Geburtstag Blumhardts, löste sich auch einigermaßen das Rätsel jener nächtlichen Ruhestörungen. Ihr Urheber muss sich manchmal unmittelbar über Blumhardts Zimmer befunden haben, und als er sich einmal gar zu bemerklich machte, rief Blumhardt, der viel für ihn betete, hinauf: „Jesus ist Sieger!"

Am anderen Morgen, eben an Blumhardts Geburtstag, fand man unter einem Brett an der hinteren Haustür folgenden mit einem Bleistift auf ein Stück schlechtes Papier geschriebenen Brief:

Den 16. Juli 1844.

Liebe Freunden

Ich verlasse euer Haus morgens 4 Uhr, aber nicht wie ich hereingekommen bin ich kam als ein Mörder und habe auch Mördergedanken gehabt, biss ich den Ausruf gehört habe Jesus ist Sieger ja Jesus ist Sieger, und jetzt ist mir mein Gewissen erwacht und habe diese Nacht verzweifelvoll zugebracht in dem Dachstuhl euer Bemühen ist freilich umsonst gewesen weil euch der Teufel verfinstert hat und wenn das Blut Christi nicht mächtig schreit heute noch, so bleibt mir nicht mehr übrig als ich nehme das Messer, mit welchem ich euch das Herz durchstechen wollte meine Hand wende an meine Brust.
Das Feuerflammende Auge Gottes hat mich gesehen und hat einen Stachel ins Herz gestochen nicht gering ich empfang was meine Thaten werth sind
ich hab dem Teufel redlich gedient und jetzt lohnt er mir mit der Hölle durchdringendes Gefiel ergrief mich als ich den Nahmen des Allerhöchsten so oft nennen hörte. Das machte mich so zahm dass ich euch nur möchte unter das Angesicht treten. Aber ... mögen Sie die Güte haben und eine Fürbitte einlegen bei dem himmlischen Vater ... Ich danke Eurer Treue gedenket meiner um Jesu willen.

Euer Feind

Anstelle der Unterschrift standen zwei Reihen zerstreuter Buchstaben, von denen die linke den Namen, die rechte den Wohnort anzudeuten schienen. In der abends stattfindenden Bibelstunde las Blumhardt den Brief vor, um des armen Mannes Gesuch um Fürbitte auszurichten. Es war ein Mann aus der Umgegend.

Ein anderes Beispiel von Bewahrung trug sich so zu. Als Blumhardt eines Nachmittags nach Haugstett gegangen war, um Bibelstunden und Katechisationen zu halten, sandte ihm seine durch solche Nachstellungen ängstlich gewordene Frau abends Hansjörg entgegen, damit er nicht im Dunkeln allein nach Hause gehen müsse. Blumhardt war darüber unzufrieden; seine Frau müsse vergessen haben, dass der Vollmond scheine. Aber so ganz umsonst war diese Vorsicht doch nicht gewesen. Denn bald zeigten sich am Waldrand zwei Männer, die Blumhardt anfangs noch für spät auf dem Felde arbeitende Bauern und dann, als ihre Gewehre im Mondschein blitzten, für Jäger hielt, legten auf ihn an, senkten jedoch auf seinen Ruf „Jesus ist Sieger" wieder ihre Gewehre. Noch einmal mitten im Wald hörte man das Knacken eines Gewehrhahnes.

Hansjörg wollte den Täter ergreifen, wurde jedoch von Blumhardt abgehalten, der für den armen Verfolger betete. Als sie den Wald verließen, sahen sie nochmals, von der Wiese her, Gewehre auf sich gerichtet. Der übermütig gewordene Hansjörg rief den Männern zu: „Drückt nur, es geht doch nicht los!", worauf diese auch bald mit ihren Gewehren friedlich die Straße zogen. Es waren offenbar Fremde, von weiter hergekommen.

Blumhardt hatte vom ersten Angriff an mit Hansjörg gesungen: „Ist Gott für mich, so trete gleich alles wider mich; sooft ich ruf' und bete, weicht alles hinter sich ... ", und „Jesus Christus herrscht als König", was er oft in Momenten der Gefahr sang, ganz nach Psalm 18: „Ich will den Herrn loben und anrufen, so werde ich von meinen Feinden errettet."

Eine letzte Erzählung sei angefügt um des Mannes willen, der sie erlebt hat, des bekannten Wilhelm Hofacker. Er besuchte manchmal im Sommer das Bad Liebenzell und von dort aus dann gern Kirche und Pfarrhaus in Möttlingen. So hielt er sich auch im Juni 1845 in Liebenzell auf, und Blumhardt besuchte ihn dort. Eben um jene Zeit war Blumhardts Frau beständig von lebensgefährlichen Krankheitsanfällen bedroht. Blumhardt erzählt über diesen Besuch Folgendes:

„Nach einer ganz guten Nacht stand meine Frau gesund auf, und ich ging frohen Mutes nach Haugstett und von da nach Liebenzell zu Hofacker, wo ich um 2 Uhr eintraf. Kaum war ich da, so fuhr meine Chaise an und rief mich wegen meiner Frau nach Hause, die kurz vor 12 Uhr, nachdem sie eben auf dem Bette sich ausgeruht hatte, einen ähnlichen Anfall erhalten habe wie vor 8 Tagen. Das war eine herbe Nachricht, denn ich hatte viel mit Hofacker vor; und diesem selbst kam es so quer, dass er nichts Besseres wusste, als mit mir hinaufzufahren. Um 3 Uhr war ich schon hier und traf meine Frau abermals so dem Sterben nahe, dass ich mir im Augenblick nur durch Einhauchen in den Mund helfen konnte. Unterdessen hatte ich doch den lieben Hofacker ganz bei mir, und der ehrliche Bruder zeigte sich mir in einer Weise, dass ich mehr als einmal mitten unter dem Gespräch weinend ihm um den Hals fallen musste, endlich nach drei Jahren bangen Harrens einen Mann gefunden zu haben, der mit sich reden ließ, mich verstehen wollte und verstand."

Hofacker erzählt nun folgendes Erlebnis aus Möttlingen: „Es war im Sommer unmittelbar vor der Ernte, dass ich dem Hauptgottesdienste in Möttlingen beiwohnte; ich saß vorne in einer der Ehrenbänke zu Füßen der Kanzel. Die Kirche war gedrängt voll und ringsumher auch der Gottesacker mit Zuhörern besetzt. Während wir im Eröffnungsgebete uns befanden, zog es sich am Himmel schwarz und immer schwärzer und drohender zusammen; es donnerte, und jene Farbe der Wolken, die den Hagel verkündete, war deutlich zu sehen. Mit einem Mal verlässt Blumhardt ruhig die Spur der Liturgie und spricht: ‚Lieber Gott, wenn Du uns für unsere Sünden strafen und uns den Segen der Ernte zerstören willst, so wagen wir nicht, dagegenzubitten, aber sei so gut und lass uns jetzt noch ungestört Dein Wort hören!'

Und weiter ging es in der Liturgie. Ich hätte mich ob dieser Verwegenheit unter die Brüstung der Bank verkriechen mögen, aber siehe, plötzlich wird es hell, und in wenigen Minuten ist blauer Himmel und heller Sonnenschein."

Immer ging es Blumhardt so nicht; aber er hatte sich schon als Kind nicht davor gefürchtet, mit einer Bitte abschlägig beschieden zu werden.

Wie stand Blumhardt selbst zu diesen Erweisungen der Hilfe des Herrn? Er war in eine merkwürdig innige Gemeinschaft mit Gott gelangt, sah immer klarer und einfacher, wie alles, was geschieht, also auch das Übel, von Gott herrührt, und lernte es, kindlich ehrfürchtig, bußfertig und vertrauend sich unmittelbar an ihn zu wenden. Er lernte mit heiligem Sinn auch in dem, was man sonst so schlechtweg als nur ins Gebiet der Natur gehörig angesehen wird, Gottes Spur zu erblicken. Und immer heller wurde ihm die Pflicht des Christen klar, alles in allem im Glauben anzusehen und im Glauben zu behandeln. „Jetzt habe ich mich wieder einmal 'naus geglaubt", sagte er etwa einmal in jenen Tagen, wenn er wieder mit einer Not oder in einem fremden Elend, das ihm an den Hals geworfen worden, zum Siege gekommen war. Solche Gedanken sprach er auch verteidigungsweise in seinen Briefen an Barth aus: „Meine Theorie von der Krankheit ist eine biblische, von Kind auf durch Lesen der Bibel, worin ich es als Kind jedermann voraustat, in mir gewurzelt, später immer wieder von mir geahnt und allerdings durch die bekannten Erfahrungen in mir bestärkt und zur Gewissheit erhoben. Der oberste Satz ist: Es kommt alles von Gott; und wenn ich Zeit hätte, so wollte ich Dich durch die Bibel führen, dass Du auf zehn nicht einen Spruch Deines Systems und anderer nur auch vorzeigen könntest.

Der Glaube ist Pflicht, und alles, was nicht aus Glauben geschieht, ist Sünde. Wenn nun jemand merkt, dieses oder jenes Übel sendet mir Gott um dieser oder jener Ursache willen, und merkt, hier sei *Glauben* seine Schuldigkeit, und er ist zu faul, gläubig beten zu wollen (denn Faulheit es ist, warum man nicht glaubt; man läuft eher zehn Stunden weit, denn dass man in sich ginge und mit Ernst die Knie beugte), so ist solches Nichtglauben Sünde, weil es doch mit bösem Gewissen geschieht. Wenn ich die Gewissen schärfe, so ist dies Kraft des Worts; das Wort Gottes ist eine Kraft, und was es im Gewissen weckt, ist nichts Erzwungenes und Gemachtes und Erkünsteltes, wie Du mich auch zu gut kennst, um derlei von mir zu fürchten.

Es steht nirgends geschrieben, dass man die Hilfe Gottes auf ungeradem Wege, durch einen Winkel hindurch, suchen müsse."

Blumhardt war in jenen Tagen sehr kühn und siegesmutig, wie wir begreifen werden. Waren doch seine nun friedlichen, priesterlich schönen Kämpfe über der Menschen Elend wie lauter Entdeckungsreisen ins Land der Barmherzigkeit Gottes, wo immer neue, herrliche Aussichten sich ihm eröffneten. Wenn er oben sagte: Die Menschen sind zu faul geworden, vor Gott mit Ernst die Knie zu beugen, so war damit vielleicht die ganze Summe seiner Erfahrungen vom Anfang des Kampfes an bis zu den Wunderzeiten ausgesprochen.

Eine Einwendung wurde manchmal gegen seine Zuversicht und Bereitschaft, Gott um Abwendung leiblicher Übel zu bitten, erhoben, die ihm völlig unverständlich war: es gehe dies gegen die Pflicht der Ergebenheit und Geduld. Zwei Irrtümer liegen dieser Einwendung zugrunde.

Der erste ist jene unkindliche Meinung, es sei unfromm, den Wunsch, gesund zu werden, vor Gott zu äußern – diesen Wunsch, der doch in jedem lebenden Wesen unwillkürlich erwacht, wenn es krank ist, und zu dessen Erfüllung wir doch sonst alles Mögliche tun zu müssen glauben.

Der zweite ist der: es liege im Bitten eine Nötigung Gottes. Ist denn Gott nicht weit eher gebunden, wenn wir *nicht* bitten? Denn vielleicht wäre er geneigt, uns zu helfen, wenn wir mit gebührendem Ernst ihn darum angingen. Tun wir aber dies dann nicht, so ist er durch uns wie verhindert, uns zu helfen.

Zwingerisches Beten verabscheute er, und auch vor jenem in manchen Kreisen beliebten langen, heißen, „brünstigen" Beten warnte er mit großem Ernst. „Wie wenig Gutes das den Leuten einbringt, habe ich zur Genüge erfahren und sage es gerne denen, die es sich sagen lassen. Ist denn solches Beten noch ein Beten aus dem Geist, und kommt es nicht vielmehr aus der Meinung, als ob mit bloßem und brünstig tönendem Gebete bei dem Herrn etwas zu erreichen wäre? Der Herr sagt doch: ‚Wenn ihr betet, sollt ihr nicht viele Worte machen, wie die Heiden meinen, dass sie dadurch erhöret werden.' Solange die Worte Jesu überhaupt etwas gelten, sollte man auch diese Worte bedeutungsvoll nehmen, um nicht schnurgerade ihnen entgegen sich zu bezeigen. Auch die Unmündigen, auf welche sich sol che Beter etwa berufen, machen es kurz, sagen einfach, was sie wünschen."

So war auch Blumhardts Beten von wunderbarer Schlichtheit. Allerdings konnte er auch sagen: „Oft habe ich gemerkt, dass, wenn etwas auf ein erstes und zweites Bitten nicht geht, es doch auf ein drittes und viertes oder noch weiteres Bitten erreicht wird.“ Aber auch hier ließ er sich vielfach des Apostels Paulus Beispiel (2. Kor. 12,8) „dreimal“ zum Muster dienen und nahm dann an, es sei nicht der Wille des Herrn, dass diese Bitte erhört werde.

Der andere Irrtum jener Einwendung besteht in der Meinung, eine ganz fromme, mustergültige Geduld wünsche überhaupt keine Befreiung von einem Leiden. Blumhardt hatte hohen Respekt vor der wirklichen Geduld mancher in der Stille jahrelang leidender Seelen, aber eine Geduld, die einem das Bitten um Abhilfe verwehre, sah er scharf darauf an, ob sie auch wirklich Geduld sei.

„Es ist viel leichter“, sagte er einmal, „sich in eine Ergebung in Gottes Willen hineinzuleben, als die Riegel hinwegzuschieben, welche Gottes Hilfe aufhalten.“

Und einer Kranken schrieb er: „Hüte sich eins, mit seiner Geduld Prunk zu machen! Dieser Flitter wird verbrennen. Jedes denke doch auch daran, denke wenigstens daran: Es könnte auch Glaube von mir gefordert sein, und lasse ich das täglich liegen, so könnte ich einmal eine Schuld haben.“

Jene „Geduld“ aber, die nur „tragen“ und ja nicht „bitten“ will, hat er in einer Weise gegeißelt, die allerdings seinen ganzen Zorn über alle unwahre fromme Redensart kennzeichnet: „Bei uns macht man freilich aus der Not eine Tugend, und wenn jemandes Leiden oder Schaden unheilbar ist, so sagt man, es sei der Wille Gottes, und in den müsse man sich schicken, weil am Ende doch wieder alles zum Besten der Menschen diene und auch darauf abgesehen sei. Das Übel sei das größte Glück, für das man nur danken müsse, welches wegzubeten sogar unrecht sei, als ein Widerstreben gegen Gottes Willen; mittlerweile aber, mitten unter solchen scheinbar frommen Gedanken, tut man doch alles, was man vermag, um des Schadens oder Schmerzes loszuwerden. Die Geduld, die von Gott nichts wegbeten will, aus Furcht, es möchte Ihm nicht gefallen, probiert alles, auch das Abenteuerlichste, läuft von einem Arzt zum andern, horcht aufs Begierigste auf neue Mittel, die helfen könnten, würde wohl wer weiß wie weit laufen, wenn sie von einem hörte, der, oder von etwas, das helfen könne, lässt sich sogar bisweilen offenbare Sündenwege, selbst

Anweisungen zu Schande und Unzucht gefallen, übergibt Personen und Namen eigenhändig in die Bücher der Zauberer und entschuldigt sich leichthin mit den Worten: Was tut man nicht alles, wenn man in der Not ist!

Das ist die Geduld, die so fromm tut, sich gar in den Willen Gottes schicken und gar nicht wider Seinen Willen sich etwas erbitten zu wollen, eine Geduld, die eine Höhe erreicht hat, die man schwerlich bei irgendeiner anderen Tugend sucht, indem ihr nichts zu sauer, nichts zu schwer, nichts zu hart, nichts zu schmerzlich und peinlich, nichts zu gräulich und abenteuerlich (mitunter nichts zu schamlos und sündig) ist – wenn es nur hilft! Aber ja nicht von Gott – sonst ist es Ungeduld. Arme, betrogene Menschen, wollen sie denn die Täuschung nicht erkennen, in der sie stehen? Ich will niemandem einen Vorwurf machen, aber nur fragen: Ist nicht die allseitige, sich kundgebende Desperation bei den einmal vorhandenen Übeln und Gebrechen, in die sich die Natur des Menschen unmöglich schicken kann, weil sie eine Störung ihrer Harmonie sind, eben ein Beweis, dass die Hilfe nötiger und heilsamer wäre als das trostlose Wimmern und Jagen und Haschen nach allem Möglichen, bei dem man Gott immer wieder anlügt, als wolle man ja geduldig sein? Man sagt, der innere Mensch werde unter den Leiden ausgeboren. Ich will es nicht leugnen; aber gilt denn die Erfahrung gar nichts, die man so oft macht, dass Leute, die mit langwierigen Übeln behaftet sind, fast alle Tage widerwärtiger, störrischer, eigensinniger, mürrischer, ungeduldiger, gegen ihre Pfleger und Wärter unbarmherziger, wunderlicher werden, abermals ein Beweis, dass es geht, wie es nicht gehen sollte, und ein anderer Weg hätte sollen eingeschlagen werden als der, den man gegangen ist? Sonst wäre es wahrlich nicht so. Fälle gibt es wohl auch, da die Kranken immer leidlicher und milder und liebenswürdiger werden mögen, wo eben alles gerade recht geht, wie es gehen kann, nachdem eben die Umstände einmal sind; denn eine Regel aufstellen ist nie recht. Aber sonnenklar ist es, dass der Menschheit in unserer Zeit etwas abgeht, das sie in tausend Fällen haben sollte, die unmittelbare Einwirkung des Herrn, der uns mit Seinem Blut erkauft hat; und kommt die, so ist es allerdings ein Wunder, aber ein nötiges Wunder, ohne das wir nicht bestehen, nicht unseres Glaubens froh werden können, ein Wunder, das aber auch nebenbei dazu dienen muss, wie bei dem Blindgeborenen, ‚dass die Werke Gottes offenbar werden' (Joh. 9, 3)."

Wie er langsam zu dieser Höhe des Glaubens und zu diesem Reichtum an wunderbaren Erfahrungen gelangte, erzählt er in seiner unnachahmlich schlichten Weise.

„Nur geistliches Zureden oder Zusetzen regt in der Regel die Kranken auf und steigert sie oft bis zur Raserei, weswegen ich gerade dieses – wo ich um Rat gefragt werde — den Angehörigen gewissermaßen verbiete, auch es in meiner Praxis selbst nur sehr mäßig und vorsichtig anwende, sodass ich selbst in der Predigt, zu welcher ich die Unglücklichen schicke, nichts auf sie besonders Bezügliches vorn bringe. Von oben her", fährt er fort, „muss etwas kommen, wie es klar der Herr andeutete, und wenn dieses nicht kommt, so kann nicht geholfen oder nur eine Scheinhilfe erzielt werden, mit welcher mehr verdirbt als gut gemacht ist.

Wie aber soll das werden? Ach freilich, die Pforten des Himmels, die einst offen standen, scheinen jetzt fest geschlossen zu sein. Man betet wohl viel, aber wie wenig erreicht man damit! Wie oft kommen die Leute und sagen fast in Verzweiflung, sie beten so viel, und es wolle sich nicht ändern! Eines fehlt! Laut der ganzen neutestamentlichen Ökonomie (Ordnung), wie sie in allem, was ich aus der Schrift anführte, durchblickt, will Gott seine Gaben durch Vermittlung brüderlicher Handreichung darbieten, oder er will es durch Werkzeuge tun. Wie schon das Evangelium nicht durch Träume oder Gesichte oder besondere Offenbarungen denen, die noch nichts davon wissen, verkündigt werden soll, sondern durch Knechte Gottes, die Botschafter an Christi Statt sind, so sollten nach dem ursprünglichen Plane Christi diese nämlichen Boten auch Träger der himmlischen Gaben und Kräfte für die Gemeinde sein, weswegen die Apostel mit beiden, mit der Gabe zu predigen und zu heilen, gleichmäßig ausgerüstet wurden. Hiervon aber weiß unsere jetzige Christenheit rein nichts mehr. Daher die Desperation bei so vielem Elend, daher die Nebenwege, die so viele sich erwählen, daher auch die Bedrängnis, in welcher die Arzneikunde selbst sich befindet, die mit ihrer Kunst das ersetzen soll, was die Träger des Evangeliums für die Gemeinde haben sollten, aber längst verscherzt haben und bis heute gar keine Miene machen, wieder sich erwerben zu wollen, und der Arzneikunde gebührt hier das Lob, trotz ihres baren Unglaubens an und für sich (ich rede hier nicht von einzelnen Ärzten), in ihrem Teile unendlich treuer gearbeitet und gewirkt zu haben als die Träger des Evangeliums, die insbesondere bei Geisteskranken neben der treuen Rührigkeit und Sorgfalt der Ärzte in der Regel seltsam sich ausnehmen, sofern sie, sei es auch mit den schönsten Trostsprüchen, nichts wissen außer dem jakobäischen ‚Gott berate euch!' (Jak. 2, 16), während ursprünglich den Dienern des Evangeliums eine reale Gotteskraft zugedacht war. O arme Christenheit, die Christum mit seiner durch sein Blut uns erworbenen Kraft also von sich gewiesen hat!

Sollte es aber nicht mehr anders werden können? In meiner Besessenheitsgeschichte (‚Kampf') habe ich es gewagt, wieder mehr zu tun, als ein Seelsorger zu tun gewohnt ist. Ich habe gebetet nach der Weisung Christi: ‚Diese Art fährt nicht aus denn durch Beten und Fasten' und habe gebetet mit dem Blick auf des Jakobus Wort (1,6.7):

‚Er bitte aber im Glauben und zweifle nicht, denn wer da zweifelt, der ist gleich wie die Meereswoge, die vom Winde getrieben und gewebet wird.' Ich habe mir und meiner Kraft nichts zugetraut, ich habe in mir nicht mehr Gabe gewähnt, als die jeder andere Seelsorger auch hätte. Das aber ist wahr: Ich habe mich als Diener des Evangeliums zur Sache gestellt, der eben hier ein gewisses Recht hat, zu bitten. Allein ich fühlte bald, dass dessen ungeachtet mir die Himmelstüren nicht eigentlich offen stehen. Oft wollte ich mutlos zurücktreten.

Der Anblick der Kranken aber, die nirgends mehr Hilfe vor sich sähen, ließ mir keine Ruhe. Ich dachte an das Wort des Herrn: ‚Bittet, so wird euch gegeben; suchet, so werdet ihr finden; klopfet an, so wird euch aufgetan' und an die wiederholte Verheißung: ‚Denn wer da bittet, der empfängt, und wer da sucht, der findet, und wer da anklopft, dem wird aufgetan' (Lukas 11, 9.10).

Weiter dachte ich: Wenn der Kirche Christi und ihren Dienern durch Untreue, Ungehorsam, Saumseligkeit und Trägheit das, was zur Befreiung von Dämonen notwendig gehört, abhanden gekommen ist, so konnte eben mit Bezug auf solche arme, magere Hungerzeiten von Jesu das Gleichnis (Luk. 11,5-8) gegeben worden sein: ‚Welcher ist unter euch, der einen Freund hat und ginge zu ihm um *Mitternacht* und spräche zu ihm: Lieber Freund, leihe mir drei Brote; denn es ist mein Freund zu mir gekommen von der Straße, und ich habe nichts, was ich ihm vorlege. Und er darinnen würde antworten und sprechen: Mache mir keine Unruhe, die Türe ist schon geschlossen und meine Kindlein sind bei mir in der Kammer, ich kann nicht aufstehen und dir geben. Ich sage euch, und ob er nicht aufsteht und gibt ihm, darum dass er sein Freund ist, so wird er doch um seines unverschämten Geilens willen aufstehen und ihm geben, wie viel er bedarf.‘

So fühlte ich es wohl auch, dass ich es nicht wert wäre, in der Mitternacht, d. h. in einer Zeit, da alles in Finsternis begraben liegt, von Gott als dessen Freund etwas zu erhalten für ein Glied meiner Gemeinde; aber das Letztere unversorgt lassen, konnte ich doch nicht ertragen. Ich klopfte also fort, wie das Gleichnis mich anwies, aber, wie andere meinen, frech und Gott versuchend, geistlich anmaßend, schwärmerisch. Ich war es, wenn man will, aber meinen Gast konnte ich nicht unversorgt lassen.

Nicht minder wichtig wurde mir das Gleichnis von der Witwe und dem ungerechten Richter (Luk. 18,1-8, siehe oben). Ich fühlte, dass die Kirche die Witwe sei, und weil ich ein Diener der Kirche sei, so habe ich doch auch das Recht, ihr Stimmführer vor dem Richter zu sein gegen den Widersacher. Ich hatte Geduld nötig, denn der Herr wollte lange nicht. Dabei begehrte ich nichts weiter als obige drei Brote, so viel ich eben jetzt für meinen Gast nötig hätte. Meine Geschichte beweist, dass sich der Herr doch endlich zu dem unverschämten Bettler gewandt hat; er hat geholfen. War es nun ein Unrecht von mir, so zu bitten? Die angeführten Schriftworte müssen doch irgend anwendbar sein, und welche Lage lässt sich denken, dass sie nötiger anzuwenden wären? Hält man mich aber dennoch für vermessen, nun, so kratze man doch lieber die Hälfte der Schrift aus der Bibel heraus, wenn man sie nicht brauchen und anwenden darf. Ein anderer tue es, ich nimmermehr!

Was war aber nun die Folge meiner Bitten? Obiger anfangs unwillige Freund hat nicht gesagt: ‚Geh nur fort, ich will's deinem Gaste selbst bringen, was er nötig hat; ich brauche dich nicht dazu!‘, sondern er hat dem Freunde selbst die drei Brote gegeben, dass er sie nach seinem Ermessen für den Gast verwende. Begreiflich, dass ihm denn auch etwas übrig blieb; denn der Gast wird die drei Brote nicht auf einmal aufgezehrt haben. Damit will ich sagen und bekennen, dass mir der Herr allerdings selbst eine Kraft zuteilte, eben die Kraft, vermöge welcher allein nach der Ordnung Gottes durch die brüderliche Mitteilung der Diener Gottes bei Besessenen insbesondere geholfen werden kann, zum Behuf der Befreiung des mir übergebenen Glieds meiner Gemeinde, das vom Teufel übel geplagt war. Ich habe die drei Brote angewandt und übrig gehabt. Indessen war der Vorrat doch klein, und es kamen neue Gäste, die umso lieber kamen, weil sie merkten, dass ich Herz und Lust habe, sie nach Notdurft zu versorgen, und dass ich die Mühe auf mich nehme, auch zu ungelegener Zeit meinen schlafenden Freund um eine neue Gabe anzusprechen. Ich bekam wieder das nötige Teil, und es blieb übrig. Was kann ich nun dafür, dass die Elenden und Jammernden nur meinem Hause zuliefen? Sollte ich jetzt hart werden und sagen: ‚Warum kommt ihr denn immer nur in mein Haus, es sind doch noch viele Häuser in der Stadt, große und geräumige, gehet doch dorthin!‘? Sie aber antworteten: ‚Lieber, dort können wir nicht hin. Wir sind dort gewesen, aber sie bedauerten sehr, uns ungegessen lassen zu müssen, und wollten sich nicht dazu bequemen, bei einem Freunde das Nötige zu holen. Gehe doch du und mache, dass wir satt werden, denn wir leiden großen Hunger und arge Pein.‘

Was konnte ich machen? Sie sprachen nur zu wahr, und ihr Jammer ging mir zu Herzen. So geplagt ich darunter war, so holte ich doch immer wieder die drei Brote. Oft bekam ich sie, und viel schneller als im Anfang, auch überflüssiger, dass ich nicht mehr ausdrücklich darnach laufen muss. Nur schmeckt gerade nicht allen dieses Brot, oder wie das ist, kurz, mitunter kommt doch eins hungrig und ungegessen aus meinem Hause.“

Wenn Blumhardt hier es den Trägern des Evangeliums zum Vorwurf macht, dass sie noch keine Miene machen, die Gaben der Apostelzeit für die Kranken wieder erwerben zu wollen, so geht das aus seinem innersten Bewusstsein hervor, dass er, was ihm geworden sei, einfach als Diener des Evangeliums erhalten habe, und dass eine der Absichten des Herrn dabei auch *die* sei, allen Dienern des Evangeliums neuen Mut einzuflößen. Doch konnte er auch nicht umhin, vor einseitigem, eigenwilligem, ungeistlichem Drängen nach Gebetserhörungen; dem oft ein geistlicher Ehrgeiz zugrunde liegt, zu warnen. Vorerst lag ihm daran, jedes Hochgefühl zu dämpfen, da man namens seines Amtes und seiner Kirche spricht: „Ich bin reich und habe gar satt und bedarf nichts“ (Offb. 3), und solche anzuwerben, die mit ihm beten möchten für das Kommen einer besseren Zeit.